天日干し経営

元リクルートのサッカーど素人がJリーグを経営した

日本バドミントン協会会長
Jリーグ第5代チェアマン
村井 満

東洋経済新報社

はじめに

人生では、未経験の環境に突然放り込まれてしまうことがある。転校だったり、転勤だったり、出産だったり、肉親との別れなどもそうかもしれない。人生はそんな未知との遭遇の連続だ。

プロのサッカー選手も監督やコーチも、そしてクラブ経営の経験さえもない私が、Ｊリーグのチェアマンに就任してしまったときのように。

未知の世界への不安を、エネルギーに変えることができたらどんなに素晴らしいことだろう。そんなときは、どのような心構えが必要なのだろうか。何かヒントはあるのだろうか。

また、企業経営や人生の中では、想像もできないような修羅場に直面したり、取り返しのつかないような大失敗を犯したりしてしまうことがある。そうした局面を乗り越えたときには、思いもよらない大きなチャンスが得られるかもしれない。

私が在籍していたリクルートでは、今でも「戦後最大の疑獄事件」と呼ばれ、日本中を巻き込んだ「リクルート事件」に翻弄された。その困難の後には、見事にインターネット技術を活用した事業者に変貌することになる。


Jリーグチェアマン時代に、10年で2100億円に及ぶ大型配信契約をDAZNと締結した。世界のサッカーリーグでも全試合をインターネット配信に切り替えたケースはなく、日本のスポーツ団体では初となる規模の契約で、当時、鳴り物入りでの登場を「黒船」と表現された。

サッカーのファン・サポーターを中心に多くのスポーツ愛好者の賛否が渦巻く中で、私もひとりオフィスで固唾をのんで初中継を見守った。しかし90分間にわたって映っていたのは画面の真ん中でぐるぐる回る渦巻だけだった。

天国と地獄。人生はそんな両面に直面する。まるでジェットコースターに乗るような人生を守る安全なシートベルトはあるのだろうか。そんな人生を遊園地のように楽しむことはできるものだろうか。

部活動でもプロのスポーツチームでも自分の実力以上の相手に立ち向かうことは多い。勝ちたいと願う一方で、無理だろうなあと自信が揺らぐこともある。サッカー日本代表が格上のドイツやスペインに勝つにはどのような姿勢が必要だったのだろう。

企業でもライバルとの市場での戦いに勝つために、総力をあげて努力を重ねている。時に戦略論を駆使したり、生成ＡＩを使って検討をしたりするものの、相手も同様の努力をしている可能性もあり、途方に暮れることもある。個人の戦いならまだしも、組織としての戦いに勝利するためにはいったい何が必要なのだろう。

企業不祥事やさまざまなパワハラ、セクハラなどのトラブルも収まることはなく、組織のルールブックは厚くなる一方だ。これまで許されていた言動も、新たな社会規範では許されなくなることもある。

そうした複雑さを増していく中で、迷うことなく正しい道程を指し示すナビゲーターは存在するのだろうか。外に目を向けると国際紛争や気候変動はその激しさを増している。永久凍土の中に封じ込められていた未知のウイルスも出現してくるかもしれない。先が読みにくく、これまでの経験だけでは通用しない時代に、社会を豊かにしていく羅針盤はあるのだろうか。

私自身、未経験の不安や修羅場のみならず、数多くの困難に出会う中で、何とか前向きに組織変革を進め、人生を最大限燃焼して精一杯生きようともがき苦しんできた。その中で、私の奥底に沈殿し続けていたのが「天日干し」という概念だった。

洗濯物や布団などを天日に干すことで、雑菌の繁殖を抑えたり、ダニなどへの対策効果があったりすることは誰もが経験している。

私の母はよく「虫干し」と言っていた。また、天日に干したタオルなどを嗅いでみると消臭効果があったりする。天日干しした布団はふんわりいい香りがする。

人は太陽を浴びないでいるとビタミンDの生成量が減少すると聞いたことがある。ビタミンDはカルシウムの吸収を助け、免疫力を高める機能があると言われる。骨や歯にも影響はあるし、筋肉を強くする役割も果たすらしい。

人のみならず、魚の干物などは、たんぱく質が分解されて旨味成分が生成された保存食にもなるし、渋柿は干し柿にすれば甘みも出てくる。

天日干しの「天日」は文字通り「太陽」であったり「風通しの良い外気」であったりする。「天日」は特別な場所にしまってあるのではなく、誰でも日中に屋外に出れば、全身に浴びることができる。「天日」を手に入れるのに費用や手間はかからない。

お天道様の下では、何者も平等で、差別や格差といった概念は存在しない。この「天日干し」を経営手法に活かしたり、豊かな人生を送るためのヒントにしたりしていくことができたらどんなに素敵だろう。

だが、布団を干すように簡単に、経営や人生が干せるものなのか。そもそも「天日干し」の生きざまには、どのような効能が期待できるものなのか。本書がそのようなヒントを少しでも与えることができればと思う。

本書の執筆にあたって、これまでお世話になったリクルート関係者、Jリーグ関係者をはじめ、またこれまで私を支えていただいたすべての皆さまに感謝して本書を上梓する。

2023年9月

村井　満

天日干し経営——目次

第2章

「天日干し経営」原体験は激動のリクルート

第3章

Jリーグを変えた「天日干し経営」を定義する

第4章

「天日干し経営」を徹底したJリーグのコロナ対策

第5章

時代の潮流は「天日干し経営」に向かう

第6章

ONGAESHI

第1章

私を「天日干し経営」に導いたサッカーの世界

Who is Murai?
——ど素人が座る「針のむしろ」

私は転校したことがない。

私の故郷埼玉県川越市は、今では小江戸川越と呼ばれるくらいに歴史のある人気の城下町だ。しかし、川越市内といえども私の生まれた霞ヶ関地区は川越の中心地から遠く離れた片田舎だった。「霞ヶ関」とはよく言ったものだ。国会議事堂のある「霞が関」とはずいぶん違う。「ケ」と「が」の違い以上に違う。2階建ての建物さえもないような農村だった。私は「お生まれはどちらですか?」と聞かれると「霞ヶ関です」と答えることにしている。嘘はついていない。

私の通った小学校は「霞ヶ関小学校分校」だった。小学校1年生のヨロヨロした足取りでは40分以上かかる距離にある。分校と呼ばれたのは、まもなく私の家の近くに団地と新設の霞ヶ関北小学校ができる計画があり、分校はそれまでの間の仮教室だったからだ。当時川越は東京のベッドタウンの様相を呈し始めていた。小学校6年生になるときにはクラスは6クラスにまで増えている。私の小学校時代は、都会からの転校生を迎える日々だったと言っていい。

転校生にとって先住民とも言える私は嫌な存在だったことだろう。教壇に立つ転校生を上から下まで舐めるように品定めするからだ。東京から転校してくる子供は庭付きの団地に住むことが多い。

その同級生は勉強部屋をもっていたり、机の上には地球儀が置いてあったりする。ものすごく跳ねるスーパーボールというものをもっていた転校生もいた。「ちょっと貸してくれ」と、思いっきり地面にたたきつけて、どこかに飛ばしてしまい、転校生を泣かせてしまったことがある。汚れ切った私のズックとは違い、アニメのキャラクター付きの靴を履いている子もいて驚いた。私は、友達の靴を見て東京を感じたりしていた田舎のガキ大将だった。

中学校も高校も公立校で、もちろん一度も転校したことがない。当然、見知らぬ街に引っ越しをしたこともないのだ。友達にお別れの会を開いてもらったことがないし、転入の自己紹介もしたことがないから青春ドラマのようなロマンスもないわけだ。

私は転職をしたこともない。

大学を経てリクルートという会社に就職するのだが、社内の部署は変われども、Ｊリーグのチェアマンになるまで転職をしたことがない。転職情報誌の『週刊就職情報』や『とらばーゆ』『B-ing』などの求人広告とりの営業もずいぶんとやった。

人材紹介会社リクルートエージェントの社長をやりながら、「これからは、転職でキャリアアップ」などともっともらしく転職希望者の背中を押していたのに、自分では転職する勇気がなかった。リクルートに転職してくる人々の自己紹介を聞く側に回っていただけで、子供のころと大して変わりはない。いわば「牢名主」のような人生をずっと続けていたのだ。

それがある日突然、Ｊリーグのチェアマンという仕事に就いた。

周りはまったく見知らぬ風景でほとんど知り合いがいない。周囲もほとんど私が何者なのかを知らない。彼らは日本語を話してはいるのだが、何を言っているのか意味がよくわからない。

私はまるで荒野にポツンと立っている案山子《かかし》のような存在だ。虚勢を張って胸を反らして立ってはいるのだが、カラスに怯えて、足が少し震えているようだ。多くのサッカー関係者をカラスにたとえては申し訳ないが、飛んでくるカラスは昔の私のように、私のことを上から下まで品定めする。54歳になってはじめて転校生になった気分だ。昔の転校生は新しい学校に通う前日は眠れなかったのかもしれない。「友達ができますように」とこっそり布団の中で祈っていたのかもしれない。もっと優しくすべきだったと、今さら反省してももう遅い。私の周りを取り囲むカラスの顔にはWho is Murai?と書いてある。

サッカーの神様が私を試している

1993年5月15日、Jリーグは川淵三郎初代チェアマンの強力なリーダーシップのもとで幕を開けた。社会現象とまで言われた華々しいプロサッカーリーグの誕生から数えて2023年には30周年を迎えた。

その歴史の中で20年を過ぎたタイミングとなる2014年の1月に5代目となる新チェ

アマンが誕生する。その男はスポーツ界ではもちろんのこと、**サッカー界でもまったくその存在が知られていない異例中の異例の登用**と言っていい。**プロとしての選手経験なし、監督・コーチの経験なし、Jリーグや日本サッカー協会で常勤として働いた経験なし、極めつきは、就任前の3年間は香港を中心にアジアを転々としておりJリーグの試合もまともに観ていない。**

そんな素人チェアマンが誕生した。

サッカーの神様はそんな彼を値踏みでもするかのように、就任直後からさまざまな難問を投げかけてくる。新チェアマンとしてのはじめてのリーグ戦が開幕してまだ1週間というタイミングで事件は起こる。

2014年3月8日、埼玉スタジアム2002で行なわれたJ1リーグ第2節、浦和レッズ対サガン鳥栖の試合会場において一部サポーターがゴール裏入場ゲート付近にコンコース側に向けて「Japanese Only」という垂れ幕を掲出したのだ。「外国人お断り、日本人限定」とも解されるそのメッセージは、人種差別、民族差別的な内容として、瞬く間にネットで拡散されることになる。

スタジアムにいた他のサポーターからも差別的なメッセージであると指摘されていたに

もかかわらず、クラブもその存在を知りながら垂れ幕を撤去したのは試合終了後であった。クラブの管理責任を重く見て、またＦＩＦＡのガイドラインや過去の累犯などの諸事情を勘案し、５日後の13日に新任チェアマンは浦和レッズの次のホームゲーム（第４節清水エスパルス戦）を「無観客試合」とする裁定を会見で発表した。事案を認識してから中４日で裁定を公表したのだ。プロスポーツの裁定として**無観客試合**は国内初でもあり各メディアは大きな問題として取り上げた。当時の菅義偉内閣官房長官が人権の尊重の観点からも遺憾の意の表明をしたほどだ。

新型コロナウイルス禍での「無観客試合」が議論される６年前の出来事だ。日本のスポーツ史の中で、制裁処分として行なわれた第４節は日本中に報道されることとなった。新任チェアマンは自分で発表しながらその反響の大きさに戸惑っているような感じでもあった。

まさに、同じ日となる3月8日のＪ１リーグ第2節において**別の大きな問題の可能性がさく裂**していた。浦和レッズの差別的事案に翻弄されているまさに同じタイミングに、「サンフレッチェ広島対川崎フロンターレの試合において八百長行為があったのではないか」との指摘を受けたのだ。

その指摘は、日本サッカー協会が提携するＦＩＦＡ直轄の八百長監視機関であるＥＷＳ（Early Warning System）から受けたものだ。統計的に見て異常と思われるオッズの変動が海外であったと言うのだ。新任チェアマン自身、海外のベッティング組織がＪリーグの試合を賭けの対象としていることすら知らない状況だった。この通報を受けたときに彼が考えたのは、もしＪリーグで八百長が起きていたとすると、開幕１週間にしてＪリーグはそれ以降の公式戦をすべて中断しなければならないということだ。もちろん、Ｊリーグそのものの存続にかかわる大問題だとも感じていた。

逃げるか、
隠すか、
時間をかけるか、
専門家に委ねるか。

さまざまな思いが去来する。しかし彼は、両チームの社長を即座に呼び、両チームのすべての選手、指導者、運営関係者、レフェリーなどに対して弁護士立会いのもと徹底して事情聴取を行なった。プロのテクニカルスタッフにも試合映像を観てもらい意図的な敗戦行為がなかったかどうかの審査を行なった。調査範囲は広いので途中でメディアに情報が流出するリスクもある。そうなれば日本中を巻き込んだ大問題になるのは明白だ。

しかし、作業は止めることなく進め、最終的には、問題となる八百長行為がなかったことを確認し、ＥＷＳ側とも合意した。そして問題の存在や事実関係を自らつまびらかにすることを決めて会見に挑み、天日のもとにすべてを開示した。

人種差別的な垂れ幕事件と八百長疑惑が同時に勃発した1週間は混乱を極めた。着任早々でもあり、名前も顔も十分に把握していないＪリーグの職員と1時間おきに交互の問題を議論していた。頭の中が混乱していた彼は、無観客試合を裁定した記者会見で不思議な発言をしている。

「こんなことを起こしては香港のようになってしまう」と発言しているのだ。記者はポカンとしている。彼も自分の発言のミスに気がついた。人種差別に対峙する会見で、彼は八百長事案と混線してしまったのだ。彼はチェアマン就任前の3年間によく香港リーグのサッカーを観に行っていた。八百長事件が香港リーグの発展を阻害してきたという話もよく聞いていたのだ。会見で差別と八百長がこんがらかって話をしてしまうくらい彼も追い詰められていた。

その新任チェアマンが、転校生の案山子である私だ。

私は当時、身近にいる人に「サッカーの神様が私を試している」と思わずつぶやいていた。なぜに、就任早々このような大きな事案にさらされるのかと困惑するばかりであった。サッカーの神様も私を品定めするカラスの仲間なのかもしれない。しかし、サッカーの神様が与えた垂れ幕事件と八百長疑惑の2つの課題は、のちに私が呪文のように繰り返す「天日干し」の発火点となるものでもあった。

サッカーのない街に

そんな混乱の中で、私は2014年の6月にブラジルで開幕したワールドカップでのザッケローニジャパンの活躍に期待した。前評判の高いチームだったし、タレント揃いでもあった。長谷部誠キャプテン以下、川島永嗣、吉田麻也、長友佑都、内田篤人、今野泰幸、遠藤保仁、本田圭佑、香川真司、岡崎慎司らが名を連ねる。史上最強との呼び声も高かった。

Ｊリーグの人気を高めるには日本代表チームの活躍は不可欠だ。素人チェアマンとしては他力本願でしかないのだが、神に祈るような気持ちでブラジルに向かった。しかし、頼みの綱のワールドカップでは１勝もできずにグループステージ敗退で大会を終えた。２０２２年のカタール大会での日本代表はドイツやスペインを破り、グループステージを１位通過し、国民を熱狂の渦に巻き込んだわけだが、その状況とは大きく異なるものだった。メディアからは、「今後の日本サッカーをどのようにリードしていくのか」と、多くの問いの矢を受け続けるようにもなった。ポツンと立つ案山子が次第に射的の的のようになっていく。

私自身も、**何もかもがうまくいかず、悪循環を感じていた**。かといって素人チェアマンは豊富なサッカー経験があるわけではない。**正直なところ途方に暮れるばかりの状況**だ。そのようにまったく自分に自信がもてず、環境が激変したところに放り込まれた一人の人間はどのように仕事をしていけばいいのだろうか。「天日干し」にその打開のヒントがあるのだが、そのときの私は天日干しどころか背中を丸めて逃げた。

私はそんなに強い人間ではない。人に自分をさらし続けると、人の視線をまるで強い紫外線でも浴びているかのように感じてしまう。自分の心身のバランスを崩していたのだと思うが、私は夏休みをとって「サッカーという言葉が出ない街に行こう」と家内を誘って根室に出かけた。これまで休みもなくクラブを訪問し、家族との時間や自分の時間ももてずにいたからだ。

救世主あらわる

根室という発想もいい加減だ。札幌には北海道コンサドーレ札幌があるが、北海道は広いから根室まで行けば誰もサッカーを話題にはしないだろうという程度の発想だ。根室の床屋に行きさっぱりとして、照月旅館という風情のある旅館の温泉にゆっくり浸かる。ビールを飲んで浴衣に着替え下駄履きでカランコロンと外を歩いてみる。人通りの少ない閑静な通りだ。すぐ近くの根室湾まで出れば目の前に国後島《くなしり》が見えるはずだ。そう思って100メートルほど歩いてみると目の前に明治安田生命 釧路支店 根室営業所の建物に行き当たった。

私はそこで足を止めた。明治安田生命はその当時、J3に限定したタイトルパートナーになってくれたばかりであった。私のチェアマン就任と同じタイミングにサッカー界に入ってきた転校生のような存在だ。ある意味サッカー界に、「新参者ですが、よろしくお願いします」と一生懸命自己紹介している印象があった。明治安田生命は、三菱グループを代表するような巨大企業でもある。一番広告効果がありそうなJ1のタイトルパートナーになっていただいても十分な企業である。それが、地味なJ3を一生懸命応援してくだっている姿が不思議でもあった。

しかし、私が逃げてきた根室にまで営業所を展開する企業姿勢を考えれば合点もいった。全国の隅々まで、本気で地域に向き合っているのだ。サッカーの話題が出てこない街に来たにもかかわらず、明治安田生命という一生懸命の転入生と、同じ転入生でありながら逃げ腰の自分のことを比較しては、サッカーのことばかり考えていた。

明治安田生命には、過去に保険金支払いにまつわる不祥事があり、企業の存続をかけて経営改革に取り組んでいたのが根岸秋男社長だった。彼こそ私の8年を支えてくれた大恩人だ。不都合なことを隠さない、正しいことを正々堂々と実践していく。天日干し経営の師匠のような存在だ。表層的な売名行為を嫌い、本気でJリーグを支えていくことを全社に伝えてくれていた。その開かれたスタンスに私は大いなる薫陶を受けた。

根室から東京に戻り、シーズンも終盤になると明治安田生命から本店の社員食堂に来てほしいとのお誘いを受けた。社員食堂で定食でもご一緒するのかと思って行ってみたら、私はそこで見た風景に腰を抜かしそうになった。色とりどりのユニフォームが壁全体に飾られ、100名を超える支店長クラスの幹部の大軍団が拍手で私を迎えてくれたのだ。明治安田生命はそのあと、J1からJ3までのすべてのカテゴリーのタイトルパートナーになってくれた。Jリーグ本体だけではなく、50を超えるすべてのクラブともスポンサー契約を締結してくれたのだ。私は泣いた。一人だと思い込んでいた私にも応援してくれる人がいたのだ。それ以来、私は背中を丸めて逃げるようなことはなくなった。

思わず口にした「命を賭して」

そうした素人チェアマンだが、就任のタイミングに話を戻してみたい。就任に際してのはじめての会見で思わず口にした言葉が翌日の見出しに躍ることになる。「命を賭して」という表現だ。周囲から見れば、素人チェアマンはずいぶんと肩に力が入って、リキんでいると捉えたことだろう。しかし、当の私は本当に死ぬかもしれないと思っていた。緊張しやすく、不器用な人間がJリーグチェアマンになるのだから「命がけ」というのもさほど誇張した表現でもなかった。

私は、「死ぬことと見つけたり」という表現で有名な『葉隠《はがくれ》』が愛読書だった。江戸の中期に佐賀の鍋島藩士、山本常朝が武士の心得として口述したものだ。わかりやすい解説書である三島由紀夫の『葉隠入門』なども読んでいた。

「毎朝毎夕、改めては死々、常住死身に成りて居る時は、武道に自由を得、一生落度なく、家職を仕課すべき也」

(毎朝毎夕、いつも死んだつもりで行動して、拾った命だと思って生きていれば、自由にもなれるし、一生、しっかりと仕事を全うすることができる)

私がこの『葉隠』を手にしたのはきっかけがあった。私は28歳のときに、2歳の長男を心臓突然死で亡くした。酔って朝帰りの私は、ベッドで家内と寝ていた息子をベビーベッドに移して、私はそのまま倒れ込んだ。朝になり目を覚ますと、息子は再び自分で私たちのベッドに割り込んできたのだろう、朝日が昇るころには3人は川の字で寝ていた。けれども彼は息をしていなかった。

仕事人間だった私は、長男と過ごした時間も限られていたが、とても短い彼の人生は私に大きな影響を残した。誰をも惹きつける弾けるような笑顔、誰かれなく遠慮することなく泣き叫ぶ姿。本心から感情を表現する姿はとても美しかった。一方の私は世間や顧客に媚びへつらい、つくる笑顔の醜いことといったら。

長い年月、さまざまな人生経験を積み重ねて来たが、いまだにあの笑顔には到底到達できていない。そんな28歳のときに手にしたのが、『葉隠』だった。生きる時間の長さだけが大切なのではなく、精一杯生きることが大切なのだと、学校に入る前の2歳の息子に教えられたのだ。

「結構私は死ぬことばかり考えている」と言うと、「村井さんメンタル大丈夫？」といった反応がある。でも息子の一件以来、私は**「生きること」そのものが「死ぬことと見つけたり」なのだ。**

不都合なことから逃げ、ごまかしたいことを隠し、自分の真意を表明しないで背中を丸めて生きるより、自分自身をさらして生きていこう。そんな思いでチェアマンに就任したものだから、ふと「命を賭して」という表現が出てしまったのだ。「天日干し経営」には、そのような人生を生きる覚悟も含まれているのかもしれない。

「緊張」するほうを選ぶ

不都合なことや見通しの立たない事案に立ち向かい、ごまかさず物事をオープンにし、自分の意思を表明するのは勇気のいることだ。頭でわかっていても腰が引けてしまうことが多い。なので、誰もが戦略を十分に練り、調査を繰り返し、フィジビリティスタディ(feasibility study)や実証実験でのエビデンスを積み重ね、Q&Aなども用意する。しかし、そうした知性を積み上げても、いざとなると躊躇することは多い。日本の一級の知識人である小林秀雄でさえ「知性は勇気のしもべ」と喝破したゆえんだ。

就任会見での「命を賭して」がいきなり試された「差別的垂れ幕事件」や「八百長疑惑事件」などに対峙する際は大きな緊張感がともなう。そもそも私の人生において「会見」というものは無縁であった。「会見」はテレビで見るものであり、有名人の「芝居」だと

写真1　記者会見

2014年3月13日の記者会見
写真提供：Jリーグ

思っていた。

サッカーの会見の場合、ジーパン姿だったり、フリーランスといった立場だったりと、ビジネス界とは違うタイプの記者にも囲まれる（写真1）。問題は運動部だけでなく、社会部案件になることもある。会見会場にテレビカメラが並び、床に腰を下ろして胡坐《あぐら》をかいている記者を見るだけでこっちは縮みあがる。囲まれるのは会見場だけではない。会見を迫られるときは、ツイッターなどのＳＮＳが炎上することで社会全体が騒然となっていることも多い。人生には逃げられないことがあると知り、覚悟をせざるを得ない状況もあるのだが、この当時自分で自分に言い聞かせていたのは「緊張するほうを選ぶ」という呪文だ。

その真意は緊張ばかりして自己嫌悪に陥っていた20代のころから身についていた考えで、私の場合、「大切なことができるか、できないか、ギリギリのときにしか緊張しないようにできている」という法則を知ったのだ。表現を変えれば、「大切なものが手に入るか、入らないかのギリギリのときに、自分自身にサインを送ってくれるのは自分の心の鐘」なのだ。楽勝なものにも、絶対無理なものにも緊張はしないのだから。

ちなみに緊張度合いはその人の成長に歩調を合わせるように大きく育っていく。25歳で結婚式をあげた際、指が震えて、彼女の指にうまく指輪を差し込むことができなかったころの私の緊張感とチェアマンになってからの会見場での緊張感では比較にならないくらい大きいものになっている。ワールドカップで戦う日本代表もいい意味での緊張感に溢れている。

人の緊張感が大きくなることを「成長」と言い、緊張がなくなったときに成長が止まったと理解すべきである。

緊張しているということは、大切な何かが実現できる可能性を知らせるサインでもある。

緊張している自分におののく前に、緊張の背後にある「大切なもの」を考えてみる。「勇気をもって差別的事案に対峙することでサッカー界から人種差別をなくしていくきっかけが得られる」かもしれない、「正面から八百長疑惑に向かうことで、サッカー界は絶対に八百長の介入を許さないというメッセージを与えることができる」のかもしれない。

考えてみれば自らをさらす「天日干し経営」は、緊張をともない、勇気もいることではあるが、単なる精神論ではなく、この手法を身につけた組織は、大切なものが入り続け、できることが増えて、成長が約束されているとも言えるのだ。

激しいブーイング――2ステージ制の導入と撤退

チェアマン就任前にさかのぼること2013年、私は月に一度、Jリーグの理事会に参加するだけの非常勤の外部理事だった。当時Jリーグはリーグ戦の大会方式をめぐって大きく揺れていた。いわゆる「2ステージ制」の導入をめぐる議論である。

リーマンショック以降の景気低迷が尾を引き、また東日本大震災の影響もあり、リーグをめぐる経営環境は大変厳しい状況にあった。また、入場者数の減少傾向に見られ、Jリーグへの関心度低下に歯止めがかからない状況でもあった。こうした中でJリーグは人気回復の起爆剤として、また財政再建の切り札として「2ステージ制」の導入の検討を始めることになる。

年間シーズンをファーストステージとセカンドステージに分け、両ステージの優勝チーム同士が、シーズン末のチャンピオンシップで年間王者をかけて争うというものだ。チャンピオンシップは試合日と開催地があらかじめ確定しているので、地上波放送がつくし、大会プロモーションもやりやすい。Jリーグはどうしてもローカル同士の戦いになるので、ナショナルコンテンツを育てることで関心度アップも期待された。それこそ既成概念を超えた大きな改革議論を大東和美チェアマン体制下で始めたのだ。

一方で、この大会方式だと1年を通じて勝ち点を獲得したチームが優勝するとは限らなくなる。欧州主要リーグは年間勝ち点を争う方式が主流で、世界のスタンダードを標榜すべきだとするファンやサポーターも多く、スタジアムには「2ステージ制反対」の横断幕が数多く掲げられた。当然だが理事会でもさまざまな意見が出された。

当時は、外部理事という立場だった私も意見を述べたのを覚えている。「2ステージ制に大会方式としての正当性があるなら、降格チームも2ステージ方式で決めたらどうだ」というものだ。ひとつのアイロニーだった。そこまでの覚悟があるのかを執行部側に問うものだった。
それに対する理事会の意見は「降格チームを決める試合では放送やスポンサーはつかないだろう」というものだった。優勝争いのチャンピオンシップにおいては歓喜の舞台も用意され、Jリーグのひとつのショーケースになり得て、マネタイズも可能だが、降格争いをショーケースにするのはいかがなものか、という考え方がベースにあるものだと思われる。ある意味、大会方式の変更は資金獲得が目的であると明言しているようなものでもある。

自分自身、決して自慢できるものではないが、家庭や仕事を犠牲にしながらも優勝を夢見て1年単位でクラブをサポートし続けてきた身としては、優勝争いをショーケースと定義されて、1年間の努力を1週間程度の戦いでひっくり返されては納得できるものではないと考えていた。

優勝争いだろうが、残留争いだろうが、どちらも1年間を通じてチームとサポーターが死力を尽くして闘った結果であり、そこに違いはないはずだ。優勝争いは、ショーケースとなり、降格した場合の経営的ダメージが大きい降格争いは年間勝ち点で、という矛盾も納得はできなかった。優勝を逃したダメージも同じように大きなものだからだ。

最終的にはさまざまな角度から議論を尽くし2ステージ制導入が決定された。財政問題は深刻で背に腹は代えられなかった部分もあるだろう。議論を尽くした以上、最終的には決定にはコミットすることがJリーグの精神であり、いかに成功させるかに全員がシフトしていく。

その後、私は翌年の2014年にチェアマンに選任され、その1年後の2015年には2ステージ制を導入する役割を自ら果たすことになるのだ。そして迎えた2015年の6月20日。ノエビアスタジアム神戸で浦和レッズが無敗でファーストステージ優勝を決めた。ステージ優勝の賞金を渡すセレモニーで**私は激しいブーイングを浴びた**。浦和レッズには2ステージ制に反対するサポーターが数多くいるからだ。

しかし、ピッチに立つ私はなぜか冷静だった。

スタジアムでは差別的なメッセージや誹謗中傷は許されるものではないが、サポーターには自らの意思を表明する機会は確保されるべきだし、表現の自由が守られてこそサッカーなのだ。ファン、サポーターにも自らの意思を天日にさらす権利はあるのだと考えていた。

一方で、私はそのときサポーターではない。Jリーグのチェアマンである。決定経緯はどうあれ、この「2ステージ制・チャンピオンシップ」方式を導入したのが私である以上、この大会方式に関して、「世界標準」や「サポーター心理」の視点だけではなく、「日本のサッカーを真に発展させていくことができる方式であるか」という観点で冷静に検証を重ねていく責任がある。

チャンピオンシップへの出場権を賭けて戦うリーグ戦は、競技の公平性を担保させるために、最終節の開催日時を揃える必要がある。得失点差で、セカンドステージの優勝が決まることもあるわけで、ライバルの結果を知ってから試合を始めるのでは公平性を欠くことになるからだ。

また、チャンピオンシップに出場するチームが、チャンピオンシップ後に開かれるACL（アジアチャンピオンズリーグ）に続けて出場する場合もある。ACLの出場権は、前年のリーグ戦上位チームや天皇杯の優勝チームに与えられるのだが、そのチームは、翌年もリーグ戦、チャンピオンシップ、ACLと連戦が続く場合もあるので、リーグ戦・チャンピオンシップはACLと並走することはできないのだ。そうした日程を考えると、リーグ戦は11月の初旬に終えなければならないことになる。

チャンピオンシップに出場できなかったチームは、11月上旬から2月の下旬までの4カ月、ファン・サポーター、ホームタウンとの接点を失うことになる。選手は1年の3分の

1にわたって、真剣勝負から離れることになる。これで日本サッカーの強化や普及ができるのか大きな疑問となっていく。

こうした問題に関して、多くの関係者との協議を踏まえ、2ステージ制は当初の計画を修正し、2年で終えることを決断した。このチャンピオンシップに向けて大いなる努力を重ねていただいた関係者の皆さまには、契約をたがえるような方針転換で本当にご迷惑をおかけしたと思っている。2ステージ制の導入も日本サッカーの起死回生を願ったものであっただろうし、一方で2ステージ制の廃止も日本のサッカーの発展を信じた判断だと思っている。

困ったときは足を使う——年間100試合

何も知らない。誰のことも知らない。誰からも知られていない。素人の自分にできることは足を使ってクラブやスタジアムを訪ね歩き、自分をさらしていくことくらい。

それには既視感があった。私が通った埼玉県立浦和高校では名物行事の「古河マラソン」というのがあった。浦和から茨城県の古河まで50キロを超える距離を踏破するのだ。

大学時代は貧乏と暇に任せて、京都から萩まで500キロとか、新潟から輪島まで350キロなどとてくてく歩き続けた。宿の予約がなく、お金もなくても、お寺を訪ねてお願いすると泊めてくれた。またNHKの『日中共同制作　シルクロード　絲綢之路《しちゅうのみち》』という番組に刺激され、中国開放後初となる外国人による大陸徒歩旅行を志して日本を飛び出したこともあった。

難しいことはわからなくても、歩くことなら自分にでもできる、そんな単純な発想だ。時速5キロほどの速度で8時間ほど歩く。1日40キロ歩けば2週間で京都から萩まで500キロは歩ける。不案内な中国大陸でも、山東省の青島から孔子の生地である曲阜《きょくふ》までの600キロの行程をひと月程度で歩くことができた。**歩いている間に手にする情報量は想像を絶するものがある。**地形の高低を足の裏で感じ、湿気や爽やかな風を肌で感じ、焚火の匂いを嗅ぎながら鳥のさえずりを聴く。季節の草花を眺め、通りすがりの人々に挨拶をする。列車の移動や車の運転では感じ得ない情報が自分の体中にしみ込んでくる。

どんなに多くの写真を撮影して記録しても忘れてしまうことばかりだが、島根県の宍道《しんじ》湖の夕日や山東省泰山の日の出は、40年の歳月を経てもいまだに克明によみがえる。

天賦の才能や人間力、リーダーシップを備えない人間にも足を使ってクラブを訪ねることくらいならできる。チェアマン就任早々に、まずはそんなことから、体ひとつでクラブ行脚を始めたのだ。

あまり几帳面ではない私だが、Jリーグの試合を観戦するときに手にしたメンバー表をファイルしていた。そのファイルの数は20冊を超える。試合数を数えてみると在任8年間でスタジアムでの観戦は756試合に及ぶ。試合観戦だけではない。全スタジアムを訪問し、サポーターが集まる飲み屋で飲み、市役所、県庁、商工会議所を訪ねる。クラブはそれぞれ歴史も気候、風土、県民性も異なるわけで、当然サッカーに対する文化的成熟度も異なる。時には観光も兼ねて一日中、街を歩き回ることもあった。

年間100試合にも及んでクラブを訪ねるわけだから、単純に計算しても週に2度はクラブのホームタウンに足を運ぶことになる。私は、クラブで働いた経験はないが、私のように全クラブを丹念に歩き回ったような変人もそういないはずだ。当然、行脚を重ねていくことで、自分の体の中にクラブの息吹が流れ込んでくる。またその行脚は、同時に自分を表現して歩く旅でもある。時に天日干しは足を使うこともあるのだ。

デジタル改革も足を使う――現場主義の先へ

Jリーグは公益社団法人日本プロサッカーリーグという正式名称がある。公益社団法人という組織構造においてはJ1クラブもJ3のクラブも保有する議決権数は同じ1票である。株式保有比率に応じて発言権が変わる株式会社とは大きく異なる。

そして、J1クラブとJ3クラブではその環境が異なり、経営者が目指すものも大きく異なる。またクラブは地域特性やその歴史によってファンやサポーターの価値観も大きく異なる。50を超える数のクラブに二つとして同じクラブはないのだ。それに加えて、私が議長をする加盟クラブの社長は知事と対等に会話するような地元の名士たちばかりだ。地元に帰れば私などよりもはるかに大物ばかりである。新米議長の私には簡単に合意形成ができる議案などあるはずがない。

しかし、半年かけて全クラブに足を運び、**自らを相手にさらしながら、歩き続けた末におぼろげながら見えてきたものがある。**それは、「**クラブにはハイパーなデジタルエンジ**

ニアが少ない」というものだった。クラブの本業はサッカーだ。毎週死闘を繰り広げ、若手の育成に尽力し、試合のない日でも地域への貢献に明け暮れる。クラブの本業ではないデジタル投資の優先順位が上がらないのも理解できる。

当時、私がクラブを訪ねる前にはクラブのホームページを見て事前情報を頭に入れてから現地に行くわけだが、パソコン画面とスマホ画面の最適化ができていないクラブも結構存在した。

地元クラブのファン・サポーターが集まる飲み屋で、ユニフォーム姿のサポーターが小さなスマホ画面に表示されるパソコン仕様の字の小さなページを指で拡大して見ている風景にも出会った。

クラブのオフィスを訪ねると、従業員がファン感謝デーの応募ハガキを山積みして仕事をしている風景も見たし、Jリーグのホームページを見ながらクラブのホームページに公式記録を転記する姿も見た。噂では、リーグホームページからの転記ミスが発生することもあると聞いた。

個人情報のセキュリティも脆弱だし、ましてや通販サイトがあるわけでもなく、チケットの販売もコンビニに依存するだけで、ファンやサポーターの応援頻度に合わせたサービスが設計されているわけでもない。クラブにはハイパーデジタルエンジニアが少ないし、そこに人材を投入する余力も優先順位もないことが現場を回っているとわかる。足を使ってオフィスを見なければ見えてこないことばかりだった。

クラブによる無駄な重複投資をなくして、クラブのデジタル投資をリーグが一括して巻き取る提案ができないか。**Jリーグで一括してデジタルエンジニアの採用ができないか。リーグはクラブを管理するだけでなく、クラブの手が回らないところに投資し、補完する役割を担うべきではないか、そうしたことを考えるに至ったのだ。**それが将来、Jリーグとクラブをつなぐデジタルプラットフォーム構想や、そこに集う顧客のデータ「ＪリーグＩＤ」の一元管理という顧客基盤の確立につながっていくのだが、そうした方向への一筋の光を見たように思った。

これこそがJリーグデジタル化の号砲となった。

リーダーシップや経験、デジタル知識がなくとも、足を使うことで問題が見えてくることもある。私の場合、足の裏に大脳があるのかもしれない。そうした提案を恐る恐るクラブにしてみたところほぼ全会一致での賛同を得ることになったのだ。もし、私が本郷のＪリーグのオフィスにその身を閉じていたらクラブに確信をもってデジタル化の提案はできなかったのではないかと思う。

経営者の誰もが、現場主義を訴える。刑事ドラマでも「事件は会議室で起きてるんじゃない！　現場で起きてるんだ！」と叫ぶシーンがあった。しかし、現場に足を運べばいいというほど単純ではない。自ら表に出て、自らをさらし、自分の目で見て、聴き、話し、匂いを嗅ぎ、五感で感じることが何より重要なのかもしれない。そうしたことが、「足で考える」ということであり、机上の思考よりもはるかに説得力をもつはずだ。

「手を使った」Jリーグ新人研修

「足を使う」ことでその入り口に立ったJリーグのデジタル改革であったが、Jリーグの改革を進めていくにあたって、もうひとつ私の背中を押した忘れられない出来事がある。**サッカーの場合、手を使うことは推奨されていないのだが、それは「手を使う」ことによって得たものだった。**

その舞台はJリーグの新人研修会だ。企業の入社式や、学校での入学式は4月1日に行なわれるが、開幕戦を2月中下旬に控えているJリーグの場合、新人の入会式を兼ねた新人研修会は2月1日前後に行なわれる。その冒頭には、社長の挨拶や校長先生の挨拶のようにチェアマン講話が用意されている。なんとも頭を抱えるような場面である。新人選手は、誰もが高校や大学時代の活躍を通じてメディアを賑わせたツワモノばかりである。

選手経験も、指導者経験もない私が彼らに何を伝えるというのか。会場には多くのクラブ関係者も新人の引率で訪れる。多くが選手としても活躍した選りすぐりのコーチたちだ。「チェアマンのお手並み拝見」といった光景になるだろう。転校生の自己紹介どころか、まるで授業参観のような場で前に立たなければならないのだ。

いったい何を話そうか。学校を出たばかりの彼らにビジネスの話をしても滑るに決まっている。また、私は全国大会にも出たことがない普通の高校サッカー部のゴールキーパーだ。彼らにサッカーの何たるか、とか手柄話のひとつもできるわけがない。

人間、追い詰められることはよくあるが、いきなり素人チェアマンは窮した。私はよく窮地に立つのだが、「**窮すれば通ず**」という言葉は知っていた。そのようなときは、まるで幽体離脱したように自分を抜け出して、窮している自分を右上から眺めたりする。「おお！　窮しているね。もう今回ばかりはダメだろうね」といった感じで。

困り果てた私は一計を案じた。徹底して「手を動かして」ファクトを探してみることにしたのだ。成功している選手とそうでない選手の違いは何か。10年前にここ新人研修の場に座り、10年後の現在もトップレベルで活躍し続けている選手に共通している資質を探ることにして、新人へのプレゼントにしようと考えたのだ。だがその探求は混迷を極めた。

「傾聴力と主張力」——長く続けているサッカー選手が備えている力の正体

10年にわたって成功している選手に共通する資質は、誰もが想像するように、当初はずば抜けた「心・技・体」ではないかと想定していた。まずは人並外れたメンタル。私と違って大舞台でもビビることなく、しかも湧き出る闘争心をもつような人間であるかどうか。また、ずぬけたボールコントロールやパス、シュートなどの高度なフットボールの技術をもつ天才肌の選手かどうか。そして、並外れた強靭なフィジカル、アジリティ（敏捷性）などなど天賦の資質をもつアスリートであるかどうか、などを仮説として検証してみた。

しかし、追跡調査の結果、いずれも大きな相関は見られなかった。Jリーグに入るレベルの選手は入会する時点で、誰もがそうした資質を持ち合わせていたのだ。そうでなければJリーグの選手にはなれないのかもしれない。仮説は外れた。

再度調査設計をやり直した。職業適性や社会人の基礎力、さまざまなコンピテンシー分析など私がリクルート時代になじみの深かった能力要素を50項目近く並べて、成功者に共通する要素分析を進めてみることにしたのだ。**「計画性」とか「協調性」とか「分析力」とか「創造性」といったサッカーとは関係のなさそうな、就職面接の評定表に出てきそうな文言を並べてみたのだ。**

このあたりは、スタッフの松沢緑が一緒に手を動かしてくれた。調査を進めているとなんと2つの能力項目が浮かび上がってきた。**「傾聴力」と「主張力」に大きな相関が見られたのだ。**

なぜそうなのか。多方面にインタビューを重ねて検討した結果、**サッカーがどうやら理不尽な競技であることに由来するとの結論に至った。**人間の足を使う競技は失敗に溢れる。プロ選手が90分プレーしても0対0で終わることも珍しくない。それはミスの多さを示している。手を使うバスケットボールなどでは、0対0というスコアはあり得ないことだ。

「オウンゴール」などというサッカー専門用語とも言える現象も起こる。自分のゴールにシュートしてしまうなんて誰も望まない理不尽の代名詞のような事態だ。自分はフェアにプレーしていても接触競技ゆえのケガもある。

サッカーを続けていく限り誰もが心が折れるような挫折を経験する。だからこそ、折れた心を立て直す術を知る選手こそが長く活躍し続けていたのだ。その自らを立て直す術として、自らを開き謙虚に傾聴する姿勢と、自分の姿をそのままに人に伝えることがある。傾聴と伝えることを繰り返してさらに研鑽を積んでいく。まさに天日に自らをさらし、謙虚に周囲の意見を吸収する。成功者の共通要素は、天日干しの思想そのものであることが見えてきた。

リバウンドメンタリティ

こうした傾聴力と主張力をもつとされる選手を直接訪ね、その妥当性を確認するために本人の意見を聞いてみることにした。折れた心を立て直す、まさにリバウンドメンタリティをもつ選手たちだ。長谷部誠、長友佑都、香川真司、岡崎慎司、吉田麻也、川島永嗣、本田圭佑などなど。こうして欧州行脚が始まった。もちろん国内でも小野伸二、中村憲剛なども訪ねて回った。傾聴力あるトップアスリートに、今度は私が傾聴を始めたのだ。一人当たり2時間から3時間ほどかけて、彼らが長く成功し続けている要因と私の仮説である「傾聴力」と「主張力」を検証し続けた。彼らに聞いたエピソードはいずれも宝の山だった。

長谷部誠選手

例えば、日本代表のキャプテンだった長谷部誠選手のケースで言えば、彼は高校時代に全国高校選手権などに出場したわけではなく、どちらかと言えば地味な存在だった。静岡の名門、藤枝東高校卒ではあったが、静岡の清水エスパルスやジュビロ磐田などからはスカウトの声がかかったわけでもなかった。

浦和レッズのスカウトの目に留まり、レッズに進むのだが、新人のころ、緊張することもあり、胃薬を欲しがったときもあったという。彼いわく、自分の心の弦は太くはならないと悟ったので、一番いい弦の張り方を心がけ、心の調律に工夫を重ねたという。結果56のルーチンを生み出していく。そんな彼が日本代表のキャプテンになり、今ではドイツ、ブンデスリーガの名門クラブ、フランクフルトの中心選手にまで成長していくのだ。そのプロセスはまさに謙虚な傾聴の賜物だと思う。今では世界のサッカー界を代表する人物にまで登りつめたのだ。

長友佑都選手

2022年のカタールワールドカップで「ブラボー」の叫びで日本中にエネルギーを注入してくれた長友佑都選手は地元愛媛FCのジュニアユースのセレクションには不合格だったという。そしてスポーツ推薦ではない形で明治大学に進学して、サッカーエリートというわけでもないのだ。そして、椎間板ヘルニアなどケガも多く、スタンドで応援する日々が続いたという。

そんな彼は徹底的に傾聴を重ね自己改造に取り組んでいく。本格的に体幹を鍛え、食事を整えることで強靭な精神力と肉体を手に入れていく。印象深かったのは「村井さん、今では相手の選手がコマ送りのように見えるんですよ。カチ、カチ、カチと近づいてくるんです。だから私はヒョイッと避けられるんです。ずいぶんケガも減りました」と。神経細胞まで入れ替えていたのだ。私がトルコを訪問した際も専属の栄養士や調理師を雇い自身のコンディショニングに磨きをかけていた。

岡崎慎司選手

もう一人、例をあげるとしたら岡崎慎司選手だ。彼は清水エスパルスに入団するが、フォワード登録のサッカー選手としては致命的とも言えるほど、足が遅かった。彼は『鈍足バンザイ！』という本を自ら書いているくらいなので、その通りなのだろう。

しかし彼はシーズンオフの間に浜松大学の陸上部の練習に毎年のように足を運んだ。地面の蹴り方を徹底的に傾聴し、学んだ彼は、次第にボールと一緒にゴールに飛び込んでいくようになる。

清水エスパルスからドイツに渡った彼は、ＶｆＢシュトゥットガルトや１．ＦＳＶマインツ05で活躍し、イングランドプレミアリーグでクラブ創設１３２年にして初優勝したレスター・シティＦＣのフォワードとしてその歴史に名を残すまでになったのだ。傾聴とは傾くぐらい体を倒して聴くわけだが、まさに岡崎選手は傾きながら地面を蹴り続けたのだ。彼ともレスターの町で夜遅くまで語り合った。

こうした選手の姿勢を学んでいく中で、**素人チェアマン自身が「傾聴」しなくてどうすると思い至るようになったの**だ。全国のクラブに足を使って回っていたのも、改めて考えてみれば傾聴そのものの行脚であった。そして、傾聴先は何もクラブとは限らない。時には従業員に傾聴することもあるのだ。

キャプテン翼の「反動蹴速迅砲」
——ＤＡＺＮとの放映権交渉の発火点

私にとって、**Ｊリーグの大きな経営改革**へとつながっていくＤＡＺＮとの放映権交渉の発火点は**従業員のやんちゃな遊び心**だった。私がチェアマンに就任したばかりの２０１４年6月14日から上野の森美術館で「キャプテン翼展」が開催された。ちょうどブラジルワールドカップの開催に合わせたタイミングだ。

そのキャプテン翼展のプロモーションを担っていたのが、当時Ｊリーグの関連会社だったＪリーグメディアプロモーションの若き面々だった。人気サッカー漫画の「キャプテン翼」には劇画ならではのシュートがある。ボールを蹴った人のすぐ隣の者がすかさず蹴り返す、いわば反動を使ったシュートで相手守備をかく乱する芸当だ。彼らの企画は、劇画の「反動蹴速迅砲《はんどうしゅうそくじんほう》」を川崎フロンターレの練習場で、中村憲剛選手と大久保嘉人選手に挑戦してもらおうというものだ。

そのシュートをJリーグの職員がYouTubeにアップしたところ、実に1週間に400万回もの再生を記録したのだ。「カミソリシュート」と「ツインシュート」など、3編も合わせれば月に1000万回再生を記録した。これは私にとっては衝撃だった。当時年間1000試合を超えるJリーグの試合動画の著作権は放映事業者や放送局側に所属していた。中継制作をする側にその権利が帰属するわけだ。そのためJリーグが好プレー集やゴール集などをネットに配信しようとしても著作権保有者側に許諾を得て、費用を払って転載しなければならなかったのである。ニュースへの配信も同様である。Jリーグの話題をスピーディーに社会に届けようとしてもどうしてもタイミングを逸してしまう。それは業界の常識であり、仕方のないものであると私も捉えていた。しかし、従業員の遊び心はそれを一瞬で崩してしまった。

自ら撮影した動画は、投稿と同時に一瞬のうちに多くの人々の心をつかむ。YouTubeには子供や中学生の部活での「反動蹴速迅砲」が次々とアップされていくのだ。**経営改革はトップの足元で起きるものではない。時にトップから遠く離れた関連会社や管理職でもない若者の間で起こるものだ。**試合映像の著作権をJリーグが保有することの重要性をトップが従業員から教えられたのだ。

後日、ＤＡＺＮとの契約が10年にわたり、２１００億円規模の契約へとつながっていくことになるのだが、その期間や金額の規模感以上に重要なのは、すべての試合の映像をＪリーグが制作し、制作著作権をＪリーグが保有することを前提に置いたことだった。その結果Ｊリーグの話題の拡散は質、量、即時性いずれも格段に進歩した。

傾聴する相手は何もクラブやスポンサーだけではない。足元の従業員からも傾聴することがいかに多いことか。多くを学んだ出来事であった。

見るまえに跳べ——ＤＡＺＮとの交渉

Ｊリーグは世界のサッカーリーグに先駆けてその配信契約を２０１６年に締結することになる。ＤＡＺＮとの新たな放映契約は世界にも大きく発信された。10年２１００億円という契約期間や契約金額はこれまでの日本スポーツ界では初のもので、その記事は『日本経済新聞』の一面トップ扱いであった。

また、Ｊ１からＪ３までの公式戦全試合をライブでネット配信するという試みも世界のサッカーリーグでは初のチャレンジであった。しかし、Jリーグがきわめて重要視したことは、前述のように試合動画の撮影をJリーグの管理下で行ない、その制作著作はJリーグが保有するというものであった。サッカーの魅力を誰よりも知るJリーグが独自のカメラアングルを決め、魅力を最大限引き出すコメンテーター（解説者）を手配する。

得点シーンのリプレイなどはシュートのみならず得点者の表情やベンチの雰囲気、相手のGKの様子などを映し出す、統一のカメラアングルや順番とすることで、Jリーグとしてファンにはおなじみの映像ブランドを確立していく。何よりデジタルプラットフォームを通じて瞬時にその映像はクラブに伝わり、ネットやニュースへの提供を行なうことも可能にした。

DAZNとの契約のすべての前提は、そうした映像データのオーナーシップであった。金額の多寡や契約期間の長短だけでなく、「反動蹴速迅砲」の学びを前提に置いたのだ。従業員の創造性を傾聴することなしには業界の常識を変える改革は覚悟できなかったかもしれない。

その道の専門家や学識経験者が私を導いてくれるわけではない。契約の内容の検討や交渉は、当時常務理事だった中西大介やJリーグメディアプロモーション社長の小西孝生らを含めた少人数のチームで行なった。誰にとっても未経験の世界だった。時に正解のない中で、従業員の試行錯誤や遊び心の中に重大なヒントが隠されていたりする。そうした岐路を歩むと、時に誰も予期していない未開の地に足を踏み入れることにもなる。そのときは、大きな不安や迷いが存在する。

私が大学時代に読んだ大江健三郎氏の『見るまえに跳べ』という小説がある。原題であるW・H・オーデンの同名の詩は臆病な自分にいつも何かを突きつけてくるものだった。DAZNとの契約に際しても書棚からこの本を手元において、前例のないチャレンジに向かったことを覚えている。

「くるくるお詫び会見」——世界初の全試合ライブ配信が初日に挫折

スポーツ界における放映改革の象徴とも言えるDAZN。今でこそネット配信のABEMAを通じて多くの人々がFIFAワールドカップ2022カタール大会を目撃したが、私がチェアマンに就任した当初、ヨーロッパのサッカー五大リーグでさえもサッカー中継は衛星放送やケーブルテレビなどが主流で、全試合をネット配信に舵を切るリーグはなかった。

スポーツは試合結果を知ってから観るのでは面白くない。いつでも、どこでも、どんなデバイスでも視聴できるインターネットとはきわめて相性がいいはずだ。しかし、これは既存の放送各局にとっては新たな競合の参入でもある。

いわば業界注視の中での鳴り物入りの大型契約だった。「緊張するほうを選ぶ」と自らに課してはいたが、相当難易度の高いプロジェクトだ。そうしたこともあり、2017年のリーグ戦開幕に向けて配信の準備はJリーグチーム、DAZNチーム一丸となって入念に重ねてきた。

しかし、多くの関係者が固唾をのんで見守る明治安田生命J1リーグ第1節から配信が90分、まるまる映らないという大事故がいきなり発生してしまう。2月26日の日曜日、17時03分キックオフのガンバ大阪対ヴァンフォーレ甲府の試合において、誰もが目にしたのは、画面の中央でくるくる回る渦巻だけだった。

私はJリーグのオフィスでさまざまなタブレットや端末を並べ、開幕節の配信を楽しみにしていたのだが、信じられない現実に呼吸が止まりそうになり、まさに目が回る思いだった。もう首をくくるしかないのかもしれない、そんなことも考えた。ネット上では激しいバッシングが飛び交っている。

こうした大トラブルが起きたときの対処こそ「天日干し経営」の真価が問われる。

すべての情報が集まって原因を特定するまで待って会見をするのか、技術の専門家に答弁の対応をお願いするのか、はたまた弁護士に代弁してもらうのか。瞬時の判断が求められる。私たちは、まず英国人のCEOジェームズ・ラシュトンと絶対に逃げないことを決めた。また、どこまで原因が究明できているのか、どこから原因が不明なのか、そうした真実も貴重な情報であり、すべてを天下にさらし、つまびらかにすることを覚悟した。

4日後の3月2日は外国人と行なった世にも珍しいお詫び会見となった。会見が始まる前の控室で、ジェームズらに日本のお詫びの作法を教えた。「ジェームズ、背筋を伸ばして、腰から上体を折り、頭を下げてから5秒間そのままだよ」と。会見は、冒頭私が経緯を説明し、ジェームズ・ラシュトンともう一人のDAZNスタッフが壇上に立った。頭を下げるお詫びのスタイルに慣れていない彼らは、多少ぎこちなさはあったが、誠実に対応した。壇上では二人がお互い5秒カウントしているのがわかる。

彼らの説明の趣旨は「見逃し配信を自動的に起動するコンテンツ制作ツールが、複数の試合を同時に処理し始めたが、システムの一部に不具合があったため、結果データベースの破損、さらにはプラットフォームに障害を起こした可能性がある」というものだった。逃げない誠意は十分伝わったのではないかと思う。

大きなトラブルで幕を開けたDAZNではあったが、その後多くのファンに支えられ、改善を重ね今日に至っている。ネットでは彼らの迅速で誠実な姿勢を評価するコメントさえ見られた。今ではDAZNはサッカー中継にはなくてはならない存在にまでなったのだ。「天日干し経営」は有事の際にその真価が問われるものだ。

私はJリーグ在籍中の8年間に着用したワイシャツは、すべて白シャツだけで通した。それは、いつ勃発するかわからない有事の際にいつでも会見ができるようにという覚悟そのものだった。

「犬と記者は逃げると追って来る」

これは広報に所属する部下の萩原和之が私に教えてくれた名言だ。

彼は広報とリスクマネジメントの両方に通じたエキスパートで、多くの経営者を支えてきたのだが、有事の際の経営者心理を知り抜いている。「犬と記者は逃げると追って来る」とは、なんとも言い得て妙だ。元々は、「連合赤軍あさま山荘事件」で有名な佐々淳行氏の「責任と犬と新聞記者は、逃げると追って来る」がルーツなのだそうだ。

スキー場で急斜面を恐れて腰が引けてしまうと、逆にスキー板のコントロールができなくなり、余計にスピード感が増してしまうのと似ているのかもしれない。急斜面のような恐ろしい糾弾者である記者を恐れ、逃げるとますます腰が引けてしまうというものだ。まさに「逃げ腰」だ。

むしろ、思いっきり前傾して、記者が知らないことまで開示するぐらいの覚悟が必要なのかもしれない。ＤＡＺＮの謝罪会見も、どこまで原因が特定されていて、どこからがわかっていないのかまで開示した。我々自身がわかっていないことは何か、それこそが記者にとっては貴重な情報だからだ。

相手と対立関係になったり、苦手な相手だと感じたりしたら、今まで以上に前傾したコミュニケーションをはかる必要があるのではないかとも思う。例えば、遠くから苦手な相手がこちらに向かって来るとしよう。私の悪口ばかり言っていると評判の奴だ。まだ、向こうは気がついていない。そんなとき、ヒョイッと路地を右に曲がって避けてしまうか、通話相手のいない携帯を耳にあて電話しているふりをして素通りするか、そうした些細な逃避行動は意外とやってしまうものだ。しかし、相手には気づかれなくても、自分はごまかせない。「お前逃げたな」と自分が自分につぶやく言葉は意外と自分の心の中に沈殿するものだ。その沈殿物は「お前はよく逃げる奴だ」と自己暗示をかけてくる。そんなときこそ、スキーの板を思い出して、「こんにちは！」と前傾してみるのも悪くない。思ったより、坂は急ではなかったりするものだ。

卑近な例だが、私の場合、夫婦喧嘩をすると黙り込んでしまう傾向がある。家内には言葉では太刀打ちできないからだ。しかし、夫婦喧嘩の原因は大したことではないのに、その後の私のそうした態度がもっと問題を硬化させてしまうことが多い。黙り込むことも一種の「隠し事」に近いものかもしれないし、「逃げ腰」自体が夫婦関係を悪化させる主たる原因であることが多いように思う。**「天日干し」の研究は、経営手法だけではなく、家庭円満の秘策なのかもしれない。**

「魚と組織は天日にさらすと日持ちが良くなる」

常日頃から社内で口にしていた私の口癖がこの言葉だ。還暦の祝いに、この言葉が書かれた赤いTシャツまで社員からもらったこともある（写真2）。Jリーグで働く誰もが知る言葉だ。**「天日干し経営」が組織を強くし、透明性を増していくことを伝えるキーワードだ。**

写真2　社員からもらった赤いTシャツ

背中上部には「魚と組織は天日にさらすと日持ちが良くなる」と書き込まれている

犯罪などのコンプライアンス問題は密室で起こるのが常だ。親子間や夫婦間でのドメスティックバイオレンスも文字通り密室だし、動物虐待だけでなく、時に刑務所の看守が囚人に対して虐待を行なったり、警察官が被疑者に対して虐待を行なったりすることも報じられた。閉ざされた空間では高い倫理観が求められる職場でも虐待が起こることがある。

贈収賄や経済犯も人の目を盗んで起こるものばかりだ。海外のＡＴＭは公道やショッピングセンターの中心など、人の目につくところに置かれていたりする。犯罪心理を考えた設置だろう。

職場や学校、さまざまな人間関係の中で起こるハラスメントも人の目を盗んで行なわれることが多い。閉ざされた空間とは、当事者以外誰もいない空間とは限らない。組織のトップを「身内」で固め、誰も口を挟むことがなくなれば、そうした忖度集団が何人いても、そこは密室と同じだ。「身内」とは学閥、派閥、同郷、お友達、親族などなどさまざまなパターンがある。その身内集団にポツンと入った外部の人間もその同調圧力に押され、忖度を求められ、いつしか次第に「身内」に飲み込まれていく。

そうした流れの中で、組織のトップのワンマン度合いは加速がついていく。本人はそれをリーダーシップと勘違いするから、さらにたちが悪い。パワーハラスメントを行なった者の発言には共通した特徴がある。「陰に隠れてやったわけではない。躾《しつけ》や指導だと考えていた。私の信念に基づいて行なったものだ」といったニュアンスだ。しかし、多くの場合、誰も口を挟むことができない実質的には密室と言えるような空間での一方的な言動であり、陰に隠れてやっているものと変わりがない。

天日干し経営とは、多くの人の感性や意見を交換する開かれた場の創出のことである。閉ざされた空間をつくらない経営手法だ。表現を変えれば、「鏡」の多い空間である。自分の行為が客観的に映り、相手側の立場も客観的に映るのだ。一方的な思い込みの世界ではない。減量には体重計が必要であり、美しくなるには鏡が必要なように経営には「天日干し」というフィードバック機能が必要なのだ。

厚くなるルールブック

組織内で規約に反する行為や犯罪が行なわれた場合、第三者委員会という形で原因究明が行なわれることが多い。第三者委員会というと天日に干す感覚があるが、問題は第三者委員会だけで解決するものではない。当該組織は原因を突き止めたあとに再発防止策を策定する。そしてその内容は改めて組織に徹底される。そうしたことが繰り返されると、次第にそのルールブックは厚くなっていく。そうした組織は次第に「あれをやってはダメ、これもダメ」と窮屈なものになっていく。

次第に**組織構成員は手足が縛られたような感覚に陥り、組織心理は保守的になり、企業**

活動は硬直的になる。リスクを負わない企業風土が組織の成長を阻害し、悪循環に陥っていくのだ。

本来は、厚いルールブックの代わりに、「人に言えないことはやらない」という約束がひとつあれば済むはずなのだ。また、「当社の活動は天日干しされている」という体質が組織に行き渡れば、「人は見ているのだから、人に言えないことはできなくなる」という循環になる。

そうすればリスク管理のコストは低減し、組織の硬直化は防げるはずだ。もちろん何でも公開すればいいというものではない。個人のプライバシーや守秘義務契約は守らなければならない。相手の立場で考える「リスペクト」の精神があった上での天日干しを心がける必要があるのだ。

レフェリーの語源

日本サッカー界が一番大切にしているのは「**リスペクト**」という概念だ。その意味するものは「**大切に思う心**」。対戦相手がいてはじめてサッカーという競技が成立する。どんなライバルであっても相手を大切に思うことがすべての競技の出発点となる。

それゆえに、その意思の表明の場として、試合は必ず握手で始まり、握手で終わる。レフェリーの判定は、両チームが同時に納得するとは限らないが、競技にはレフェリーの存在は不可欠だ。だから、握手にはレフェリーも加わる。そのほかスポンサーやファン・サポーターに始まって、メディア、スタジアム関係者、公共交通機関や飲食関係者など、すべての存在を大切に思う心がリスペクトの概念だ。それはすべての関係者に心を開くことと同義でまさに「天日干し」の思想そのものでもある。

サッカー発祥のころの一枚の写真を見たことがある。センターサークル近くにシルクハットをかぶった紳士が立っている。レフェリーだ。レフェリーの語源をその写真は見事に表現している。日本のプロフェッショナルレフェリーの西村雄一さんに聞いたことがある。「レフェリー（referee）」の語源は「委ねる：レファー（refer）」「参考意見：レファレンス（reference）」に由来するという。

本来、両チームの選手がお互いをリスペクトしていれば自主的な判断でゲームは進められる。ゴールキックやコーナーキック、スローインはどちら側のボールなのかは多くの場合、当事者である選手自身がわかっている。ファウルに関しても同様だ。ファウルを受けたかどうかで、その都度判定が下されるのではなく、ファウルを受けても、受けた側の選手がプレー継続の意思を示せばゲームは続行される。「アドバンテージ」と呼ばれるものだ。判断のオーナーシップが選手側にも委ねられている証だ。しかし、両チームの選手でも判定不能のときには、シルクハットのレフェリーに参考意見を求め、助言をもらうことになるのだ。**裁判官のようにジャッジをするのではなく、あくまで助言を与える立場としてスタート**したようである。

ゲームのオーナーシップは両チームの選手側にあり、オーナーシップをもつ選手がレフェリーをリスペクトして判断を委ねた以上、レフェリーの意向を尊重しなければならないのだ。そのあたりの本質を理解しないと判定をめぐって執拗にレフェリーに文句を言ったりする。その光景は、選手自身が自らもつオーナーシップを否定しているようなものでとても悲しい。

日本一嫌われた主審

私のチェアマン退任とほぼ同じタイミングでレフェリーを引退した家本政明さんや村上伸次さんから教えられたことは言葉にできないくらい大きなものがある。サッカーの場合審判団はピッチサイドでは基本4名で構成される。ホイッスルをもつ主審と両タッチラインでスローインやオフサイドなどの判定を担当し、主審を補佐する2人の副審、そして選手交代などを担当する第4の審判だ。やはり主審の負担は大きい。11人と11人の合計22人もの選手を見守ることになる。当然、人の陰となるブラインドサイドも多く、すべてが見られるわけではない。

また、人間の足よりも速く動くボールの行方を見極めなければならない。加えて、ファウルだったかどうかを機械的に判断するわけでもない。ファウルを受けても選手がプレーを継続する意思がある場合、アドバンテージをとることになる。主審はいわば選手の主観を見極める必要もある。ビデオ判定だけでは判断できない領域も多い。きわめて難易度が高い仕事なのだ。

しかしサッカースタジアムの観戦者や視聴者は時に残酷だ。一人の主審を数万人が囲む。多くの観戦者はスマホなどを手にしているので、再現映像などで何度も判定内容をチェックできる。主審の知りえない情報まで観客は手にしているのだ。誤審があった場合などはSNSなどで一気に拡散される。一方のチームに有利な判定は、相手チームの不満を呼ぶ。両方のチームに称賛される判定などないと思っていいだろう。審判も選手と同じ人間だ。ミスもあれば勘違いもある。心も折れるし、不安にもなるだろう。

しかし、**逃げる場所などなく、何かを隠すポケットももっていない。究極の天日干しの中で仕事をするのが審判だ。**

私のチェアマン在任中は、この天日に干された選手やレフェリーを見続けてきたと言っても過言ではない。主審の家本政明さんは「日本一嫌われた審判」と呼ばれた男だ。競技ルールにのっとって正しく判定をすれば選手・関係者が喜んでくれるわけではない。その厳格な判定がゆえに、時に反感を買ったり、ゲームが荒れたりすることもある。孤立する彼を協会関係者が守ってくれるとは限らない。たった一人の彼を大衆が取り囲む、現代の公開処刑のような様相を呈したときもある。

そんな彼の引退試合に同席した。２０２１年12月４日の日産スタジアムだ。横浜Ｆ・マリノス対川崎フロンターレの試合終了後、両チーム選手が彼に花道をつくり拍手で見送るのだ。観客席では両チームのサポーターがスタンディングオベーションを送っている。ゴール裏には彼を讃える横断幕も掲出されている。世界のサッカーシーンの中でこんな光景は見たことがない（写真３）。

彼は正しき判定者だったのではなく、選手の個性を引き出し、サッカーの魅力を引き出す演出家だったのだ。自分が演奏するわけではないが、個々の奏者の素晴らしい演奏を引き出す指揮者のように。

大衆の前で、何度もくじけそうになった彼は、自分の役割を再定義したのだろう。選手に対峙するのではなく、選手とともに素晴らしいプレーを表現しようと。彼は私に何度も聞いてきたことがある。「村井さんはＪリーグにどのようなプレーを求めているんですか？」と。私は当初質問の真意をはかりかねた。なぜレフェリーの彼がそのようなことを聞くのかと。彼と会話を重ねるうちにその意図を理解することができた。彼は、世界にはない、Ｊリーグ独自の魅力を追求していたのだ。

写真3　家本政明さんの引退試合

上段は横断幕、中段は両チームの選手による祝福、下段は試合後、筆者から花束と色紙を渡す

彼は試合前から選手に語り掛ける。一人ひとりの選手を個別の愛称で。そして、選手の一挙手一投足まで細かく観察する。選手のコンディション、選手の表情、選手間の距離感まで。すべてが指揮者にとって大切な情報なのだ。前述のように試合のオーナーシップは選手がもっている。レフェリーは指揮者のように、彼らの力を引き出す演出家だ。選手と家本主審の役割分担を認識した観客は、これまでの糾弾者から素晴らしい演奏を聴き終えた聴衆に変わる。立ち上がって祝福の拍手を惜しみなく送るのだ。

入場者数の全数開示と経営情報開示

このように、私は選手や監督、コーチ、レフェリーや職員など多くの関係者に背中を押され、天日干しを実践してきた。

しかし、そもそもJリーグは天日干しからスタートしていると言っても過言ではない。初代川淵チェアマンは、日本社会に向けて、Jリーグの理念を宣言し、実現したい社会観を描き、語り続けた。入場者数は一人単位まで正確に数え、その実数を開示する。そのカウント方法がずさんであったり、改ざんがあったりした場合は厳しく処分する。それはサッカーを愛してくださっているファンやサポーターの方々一人ひとりに感謝する思いがあるからだ。その思いを天日に干すことでその意思を伝えてきた。

また**クラブやリーグの経営は独立した法人組織をもとに行ない、その情報はガラス張りにしてきた**。それはサッカーがみんなのものであり、多くの関係者の皆さまと協力してつくり上げていくという思想があるからだ。時代は環境問題や社会課題、ガバナンス構造など、持続可能な社会にすべく、サステナブルという言葉が交わされる。

しかしJリーグでは1996年から「Jリーグ百年構想」というコンセプトを掲げている。地域密着という考えも決して色あせることなく、むしろ地域創生が叫ばれる昨今は、輝きを増してさえいる。その根底には社会に開かれた存在であることを念じた経営思想が存在したのだ。

思えば、仕事の天日干しを、強烈に叩き込まれたのはJリーグなのだが、その天日干し経営の原体験はすでにリクルートにあったように思う。私にとってのビジネスの学びはリクルートから始まった。リクルートでの天日干し経験も少し振り返ってみたい。

第2章

「天日干し経営」原体験は激動のリクルート

中国徒歩旅行のスポンサー探しをリクルートに依頼

前章で触れたように、私は大学生のときに、中国の山東省を歩いて横断したことがあった。そもそものきっかけは、早稲田大学で知り合った友人の中に、北京から中国の西の果ての新疆《しんきょう》ウイグル自治区ウルムチ市までシルクロードを3000キロ踏破しようと計画していたツワモノがいたことだ。同期の田中敏裕や田中信彦らだ。

私の大学入学は1979年なのだが、そのタイミングといえば、中国を大混乱に陥れた文化大革命を主導した四人組が打倒され、復権した鄧小平が改革開放に舵を切った、いわば中国大転換のタイミングだったのだ。大学2年になると、NHKと中国中央電視台による『日中共同制作　シルクロード　絲綢之路《しちゅうのみち》』が放送された。シンセサイザーを奏でる喜多郎の音楽がなんとも異国の郷愁をそそる。訪中の計画は友人の誘いもあったのだが、自分自身の好奇心を抑えることができず、もう居ても立ってもいられなくなってしまった。

とはいえ私にできることは限られる。中国語ができるわけでもないので中国当局や中日

写真4　早稲田大学中国大陸遠征隊

右端が筆者

友好協会などとの折衝はできるはずもない。当時の中国は、まだ一般旅行者として外国人を農村部では受け入れていなかったので、日本政府筋や日中友好議員連盟などを通じての特別な交渉も必要であったのだが、私は、そのような交渉ができる器でもなかった。そんな私の役割は資金集めだった。大学の就職部に行っては卒業生名簿をノートに控え、ＯＢの企業を訪ねては資金援助を求めたりしていた。中には就職活動と間違われ、大学2年生にもかかわらず、面接会場に通されたりしたこともあった。そんなときに、先輩の下宿に無料で就職の情報誌を送ってくれる会社があるとの話を聞き、なんとも親切な学生の味方がいるものだと、感激して無心に訪ねたのがリクルートだった。

リクルートを訪ねると、会う人会う人、私たちの計画に大層興味をもってくれた。お金は出さないのに、資金調達の仕方について指南してくれ、物資の調達先をあれこれアドバイスしてくれた。たしかに学生の味方だと思ったのだが、いったいここの社員の人はどんな仕事をしているのか、何をして儲けているのか皆目わからなかった。

最終的な計画は、中国大陸横断3000キロは中国当局の許可が下りず、また資金的な問題もあり山東省横断となったのだが、何とか3年生になると中国に旅立つことができた（写真4）。

NDPという謎の研修

中国から帰国すると、就職活動には出遅れていた。帰国後も活動報告会や援助者へのお礼回りなどもあり多忙を極めた。リクルートブックは私の家にも届いていたものの、どこが今から間に合うのかわからず、直接リクルートを訪ねて聞いてみることにした。ところが縁あってリクルートに内定してしまった。

どんな会社かも大してわからず、何をやりたいのかもわからない状況での内定なので、内定者研修なども中身はまったく覚えていない。おそらく1日ほどの内容だったのだろう。けれどもプログラムの最後にあった「NDP」というのは覚えている。ともに研修を終えた仲間同士、お互いがお互いの参加態度などを評価し、集計したものをもとに率直に本音をぶつけ合うセッションが最後に用意されていた。

最初は行儀良く進行していたはずなのだが、終盤は、「お前、猫かぶっているだろう」とか「お前、本音を言ってねえな」などとヒートアップしている。実は、無意識にも、お互いがお互いの殻を破り、本音を言い合う習慣は内定者時代から育まれていたのかもしれない。

360度評価が基本——創業者の江副さんも例外ではない

こうしたサーベイをもとにした研修体系をリクルートではROD（Recruit Organization Development の略称）と称していた。若手社員がJDP（JはJunior の頭文字）、リーダー層がＬＤＰ（ＬはLeadershipの頭文字）、経営層がＥＤＰ（ＥはExecutiveの頭文字）といった具合だ。外販商品ではないが、シャレでやっていたのがＮＤＰ（内定者）だったはずだ。入社早々、先輩がＬＤＰを受けるときは新人の私もサーベイに協力し、先輩の仕事ぶりを評価する。仕事のイロハもわからないのにだ。アルバイトの学生もサーベイに協力する。先輩が同期社員との研修を終え、職場へのフィードバックミーティングのときには、新人の私も改めて言いたいことを言わせてもらう。創業者の江副浩正さん自身もＥＤＰを受けており、部下の役員から同様のフィードバックを受けては自らの改善方針を示していたという。

要は**お互いを天日にさらし、率直に伝え合う文化は一貫してあったのだ**と思う。こうした風通しのいい文化は「トップの懐の深さ」といったようなパーソナリティで担保されるものではなく、考え抜かれたシステムによって機能しているのだ。こうしたオープンな企業文化は企業の存続にかかわる危機的状況でこそ大きな意味をもつように思う。

上司に忖度することなく、たとえそれが社長であれ、役員であれ、上司であれ、**言うべきことを言える風土は、リクルートがその危機を乗り越えてきた原動力にもなったし、若くして次々と新たな経営者を生み出し続けていることとも無関係ではない**だろう。

「天日干し経営」の源流「従業員アトラス」

今、手元にリクルートの「ATRAS（アトラス）」という冊子がある。全従業員の顔写真入りのプロフィールが毎年更新されて公開されていたものだ。趣味や特技だけではなく、恋人がいるか否かまで自己申告で公開されている。社長から新入社員までがすべて役職階層と関係ない配列で編集される。名前検索は「旧人と新人」に分けられ、先輩は今年配属された新人をチェックする。出身都道府県別検索もあれば、誕生日別検索もある。職場のいたるところで、つながり合うきっかけが埋め込まれている。

「ATRAS」にはさまざまなバリエーションがある。そのひとつが管理職版の「マネジャーアトラス」だ。これは管理職ではない従業員にも公開されていたので私ももっているのだろう。昭和62年版のマネジャー個人ページには「私のマネジメントスタイル」のほか、ゴルフのハンデが記されているし、お酒の強さが1～5段階で示されている。スーパーインデックスには、部署別OB、OG一覧がついており、自分の部署の先輩を呼び出すにはとても便利だった。そのほか、プロ野球球団ファン一覧まである。Jリーグがない時代なのだから仕方がない。巨人の欄には、「元長嶋巨人ファン」とか「アンチ巨人」というカテゴリーもあるのだ。

好きな俳優（女優男優問わず）一覧もあるのだが、吉永小百合がこの年も第1位でサユリストの管理職名がずらりと並ぶ。人前で好きな女優の話など一切しそうもない真面目そうな先輩マネジャーの名前もそこに並んでいる。中途入社者の出身会社一覧や資格取得一覧、社外サークル参加一覧、カラオケの持ち歌一覧などなど、上司をいじるには十分な情報検索結果がそこにある。この1冊があれば酒席も盛り上がること間違いないだろう。時代とともにプライバシーの概念は変わるし、メディアも紙媒体からネットに取って代わる。

しかし、インターネットのない時代に全員がお互いをさらし、豊富なインデックスから検索でき、つながり合う仕組みは現在のSNSを思わせる。私にとっても、お互いをさらす原体験はこの「ATRAS」かもしれない。

髙島屋事件と上司の叱り方

リクルートの新人営業研修の定番は「トップアプローチ」だった。「帝国データバンク」という企業リストをもとに、社長相手に電話をかけ続ける。職場の同僚が見ている中で電話をかけるので、気の小さい私は、企業規模が小さそうなイメージの社名を探しては電話をかけた。「○○商店」「△△屋」「有限会社□□」といった感じで。次第に従業員数などの企業データも見ずに、機械的に社名だけで電話してしまっていた。その延長で行きついたのが「髙島屋」だった。歴史ある名門大企業を中小企業と間違えてしまうなど失礼千万だ。

しかも、神田営業所の私は日本橋営業所のテリトリーを侵害していた。馴れ馴れしく電話したものだからマナーも悪く最悪の事態に気がついたときは後の祭りだった。

さすがに、日本橋営業所エリアの看板企業に迷惑をかけたのだから、本社にうなだれて詫びに行くと、そのときの部長は、ひととおり神田営業所に注意をしたあとに、テリトリーを侵害された日本橋営業所のマネジャーをも叱った。「新人にトップアプローチを教えようとしているのに、日本橋の顔とも言える会社のトップにまだ挨拶ができていないのか」と。私は驚いた。悪いのはすべて私であるにもかかわらず、部長は一般論の善悪だけでなく、自ら大切にしている価値観をもとに両者に話をしたのだ。部長の価値観に共感するかどうかは別にして、自らの信念を開示した上で部下を叱ったのだ。人の前でどのように叱るかで、叱られた人の人生は変わる。私が一般論や建前論で叱られていたら、おそらく納得してリクルートを辞めていただろう。こんな窮屈なところではもうやっていられないと。

また、そんな不器用な私を陰ながらずっと見守ってくれていたのが社会人になってはじめての上司だった若杉清一神田営業所長だった。余計な説教はせず、いつも営業の何たるかを背中で見せてくれていた。そして、人付き合いが苦手な私をいつも営業所の飲み会に誘ってくれた。そんな縁がなければやはり、リクルートは辞めていただろう。辞めていれば、Jリーグとの縁もないわけだ。

私が迷惑をかけた新人研修のようなビジネススタイルは時代とともに変わっていくはずだ。リクルートの営業スタイルもスマートなものに変わっているだろう。しかし、人の前での叱り方や部下の見守り方というマネジメントの本質はいつの時代も変わらないだろう。

まさに人前での重要なマネジメント技法なのだ。

戦後最大の疑獄事件
——1兆4000億円の有利子負債、本業の消失

1988年の新聞報道に端を発する戦後最大の疑獄事件とも言われるリクルート事件。値上がりが見込まれる未公開株、リクルートコスモス株の譲渡の賄賂性が問われた事案だった。

要するに「密室」での贈収賄工作の有無が問われたのだった。江副浩正元会長が逮捕され、国会での証人喚問に招致されるに至る。入社5年目の私としては、テレビで証人喚問を眺めるしかない状況だ。竹下登内閣が総辞職をするまでに事件の影響は波及していく。真実の是非はともかく会社の状態をメディアの報道で知る日々が続く。

リクルート事件の風評が癒えないタイミングである90年代初頭にバブル崩壊を迎える。メインバンクのないリクルートにあって1兆4000億円もの有利子負債額は誰が考えても破綻を想定させる規模だ。

当時、日銀から銀行への貸付金利を「公定歩合」と呼んでいたが（現在は「基準貸付利率」）、バブル崩壊前は5％近くあった。リクルートの場合、単純に計算しても金利の利払いだけで700億円以上に上ることになる。当時の営業利益水準を考えれば、誰もが経営破綻を予感したものだ。このころ職場では社内持株会の退会を噂する者も出始めたようにも思う。

財務のメンバー中心に懸命な資産圧縮を重ね、負債の返済を行なうが、まだ完済の目途すら立たない95年の新語・流行語大賞のトップ10に入賞したのが、「インターネット」であった。Microsoft Windows95（マイクロソフト　ウィンドウズ95）の発売からインターネットとともにパソコンが一気に普及していく。当時、「10年でリクルートブックはなくなる」という専門家の予言があった。まさに10年後の2005年にリクルートブックは廃刊するのだが、頼みの綱の本業さえも存続のカウントダウンが始まったのだ。

営業から人事部への異動と全社マネジャー会議

何の因果か、リクルート事件を契機に私は求人広告の営業部門から人事部門に異動になる。営業の面白さにやっと目覚め、マネジャーにもなっていたタイミングであり、内示を聞いて心底困惑した。

リクルートの人事部門は多少世間の人事セクションとは違う。日本中の人事部門にリクルートの求人広告担当の営業マンが出入りしているからだ。いわば日本中の人事施策に一家言もつ社員が多いのはリクルートの宿命だ。社内には「ワークス研究所」というシンクタンクもある。多くの内外の論客相手に人事施策を展開していかなければならない。リクルートという会社の人事の責任者はなかなかのプレッシャーを背負うことになる。これを考えれば憂鬱にもなる。

こうした私個人にとっても激動のタイミングで、リクルート事件の経緯や今後の経営の方向性などを説明する全社マネジャー会議が開かれた。私は当時まだ新米マネジャーだ。事件渦中のマネジャー会議という空気に多少威圧されていた。そんな中、質疑応答のセクションで私の同期の吉田平がひょいと手をあげて、発言を求めたのだ。すると彼は、経営陣の体たらくを鋭く追及し始めた。私は同期の発言に、驚きはしたが普通のこととしても聞いていた。「何を突然いきり立って、いったいどうした？」でもなく、「勇気あるなあ！」でもなく。リクルートでは部下が上司に物申すのは日常のことだからだ。

前述したROD研修などによって、習慣化しているからだ。マネジャー会議という場も今思えば天日干しの空間だった。つくられたシナリオ通りに進行していく形骸化した虚構ではなく、何が起こるかわからないライブ感が満載の場だからだ。

ライブに参加する条件は、**観客が演者を乗せていくように、常に「私だったらこうする」という圧倒的な当事者意識を併せ持つことが前提**であるように思う。経営陣の報告を一方的に聞く場ではないのだ。

雇用の保証ではなく「雇用される能力を保証」

10年で本業がなくなるという環境下で人事部長になった私は、上司の役員である関一郎さんとともに人材面におけるカウントダウンとの闘いを強いられた。ブランドイメージが地に落ちている中で、借入金の返済を進めながら、収益性の高いこれまでの紙媒体に変わるネットメディアが創出できるかどうか。財政的に余裕はないので、打ち手は集中と選択を余儀なくされた。当時会社が保有していた寮・社宅の廃止、新幹線通勤の廃止、利子補給の廃止など、**ありとあらゆる福利厚生施策を廃止し、その資源をインターネットなどの**

次世代モデルに向けた社員の意識改革と能力開発につぎ込んだ。

不利益改定をする以上、従業員への説明は欠かせない。当時従業員に送ったメールは「**リクルートは雇用（Employment）を保証するのではなく、雇用される能力（Employability）を保証したい**」というものだ。

開き直ったメッセージとも言えるが、ある意味本音をさらしたのだ。人事の資料には何かと「社内秘」の印が押され、天日干しとは縁が遠そうな部門だが、従業員は人事には敏感で、社員の本音に最もさらされるセクションだ。このころから、人事部門こそ、目指す方向を明らかにして、その内容を広く社内に伝えることが重要だと感じていた。

なりわい文化論

当時、人事の中で議論していたことに「なりわい文化論」というものがあった。銀行各行はそれぞれ歴史も沿革も違い、行風も一様ではないけれども「銀行業」という生業《なりわい》が醸し出す共通の文化があるというものだ。銀行業務は経済の血液とも言われるほど公共性が高い。当然社会の公器と呼ばれるにふさわしい「秩序」が重視されてくる。秩序だった世界観が快適な人にはとても快適な職場になるはずだ。

なぜ、自動車会社はトヨタも日産も三菱自動車もサッカーチームをもつのだろう。自動車会社に限らず、パナソニックや日立や富士通などの製造業はサッカーを応援するのだろうと考えていた。製造業はさまざまなエンジニアが協力して完成品をつくり出していく。いわば「チームでの協働」がその生業の本質なのだろう。そんなことを考えた。

そんな中にあってリクルートの生業の本質は何か。メディアは紙からネットに変化していく。その中身のコンテンツも日替わり、週替わりで変化していく。日常が変化に囲まれる日々なのだ。三度の飯よりも「変化」が好きな人間にとっては、元会長が逮捕されることも大いなる刺激になるのかもしれない。銀座のすし屋で塩をまかれたこともある。「リ社お断り」と不買運動が起こったこともあった。もちろん採用活動には大いに苦労するのだが、社内の空気は暗くなかった。それが不思議でもあった。世の中の誰もが固唾をのんで見守る、いわば火の車のリクルートに対して、従業員は、まるで一等席で見物する野次馬風情の余裕さえあったように思う。

どんな業界、業態にも通用する人事制度があるわけでもなく、どんな会社でも活躍できる万能な人材がいるわけでもない。**環境が変われば天国にもなれば、地獄にもなる。生業がもつ本質とそこに集う人間の価値観のベクトルを合わせていくことがそのエネルギーを最大化する**ことを知ったのだ。そういう意味で我々はリクルートを「変化」で埋め尽くすことを覚悟したのだ。

組織と人材面で企業変革に対峙する

人事改革の方向性は「変化」にすべてのベクトルを合わせることに尽きた。ほぼすべての役職別、階層別の研修を廃し、「リクルートビジネスカレッジ」を開講した。開講記念講演のポスターには当時の人事担当役員の関一郎さんの似顔絵の上に三輪車の子供が乗っている。「リクルートで偉くてもしょうがなかったりして」とのキャッチフレーズがついている。講師は基本的に社外、テーマはインターネットのほか、経理・財務や人事、編集など幅広い社員ニーズに合わせた。受講生は40代の部長も新人も机を並べて学んだ。福利厚生の一環として「自分で未来を創れ」というものだった。

また、重視する人事評価基準はNVCポイント（New Value Creation＝新しい価値の創造）

と置いた。考課期間中にどのような新たな価値を創出したのかを見るものだ。営業成績などは賞与などで報いていく一方で、新たな任用や昇進に関してはＮＶＣポイントを重視した。

３年でリクルートを卒業していくＣＶ（Career View）制度なども導入した。**社会人版のインターンシップ制度のような概念だ。**当初リクルートの役員会でも反対意見が出た。「３年で退職するような会社に誰が行くものか」と。しかし、私には確信があった。そもそも一生リクルートで働こうと思う人は少ないわけで、**いつか独立しようと思う人には格好の修業の場**になり、同時にリクルートにとって組織開発の起爆剤になり得ると。

そして30代で退職する人を支援するＯＰＴ制度もスタートさせた。リクルートには各種転職情報サービスがあり、誰もが35歳を過ぎると求人数が激減することを知っている。もし、人生をかけることができるような起業や転進チャンスがめぐってきたときに、目先の金銭理由でその絶好球を見送ってしまった場合、その人は生涯リクルートにぶら下がる人になるかもしれない。そうした人に転進支援金を支払う仕組みだ。

ＯＰＴとはOption（選択肢）、Optimization（最適化）、Optimistic（楽観的）などの意味を含む造語だ。多くの企業が特定の高齢者対象に退職勧奨として活用する希望退職制度と違い、募集期間も区切らず転身キャリアを応援することを特徴としたプログラムだった。

社内教育担当のマネジャーの長嶋由紀子はパスポートを身に着け、海外に面白いネット系の会社があると出かけては社員を受け入れてもらえないかと交渉していた。ネット系の会社に加えて、アメリカのコンサルティング企業、ディズニー、IBM、イギリスのフリーペーパーの会社などにも社員の派遣を検討した。欧米に限らず、ブックオフなど当時、新進気鋭の国内企業にも出向させた。日本国内では、企業系列や取引先への出向をネガティブに受け止める傾向もあるが、REV（Recruit Executive View）と名づけた出向制度に合格するのはリクルートでは栄誉なことであった。

インターネットのような新たな世界観にチャレンジしていくには社内の既存社員の努力だけで補うには無理もある。人が出入りすることで、人とともに情報が行き交う。このように一気に社内に変化の風を送り込んだのだ。

当時人事内で使っていた言葉は「社会と垣根の低い会社」「社会との浸透圧の低い会社」などのキーフレーズだった。「辞めやすい会社、出入りしやすい会社こそ優しい会社なのではないか」ということも議論した。実際創業当時からリクルートには「K2制度」というものがあった。「帰って来いよ、女子社員制度」のことだ。一度退職した社員も明るく戻れる制度だった。**いわば社会に開かれた「乗り換えがしやすい東京駅のような会社」**のことである。これらも天日干しの原体験とも言えるものかもしれない。

人事担当から事業会社リクルートエイブリックの社長に

リクルートブックが10年以内になくなると予言されたＷｉｎｄｏｗｓ95の発売から9年目の２００４年にリクルートの人事部門から事業会社「リクルートエイブリック」に転身することが叶った。そのときは、人事担当の執行役員にもなっており、自分の自己申告など言える立場ではなかったが、おおかた借金返済のめども立ち、事業のネットシフトへの方向感も見え始めていたので、体の細胞全体から「事業に出たい。商売がしたい」というオーラは出ていたのかもしれない。リクルートの再建を指揮していた当時の柏木斉社長は、そんな私をいつも導いてくれた。彼こそリクルート再建の指揮をとり、相当な激務であったのは間違いなく、感謝してもしきれない。

「変化」がリクルートのメディア業の本質であるとすれば、転職相談をベースとするリクルートエイブリックの生業は「対話」が本質だ。着任先のエイブリックでは、まるで昭和の企業のように社員旅行、月次の納会、演芸大会付き忘年会などをとても大切にしていた。社員同士の対話に多額の投資をしていたのだ。企業の生業と社員に対する打ち手のベクトルがきわめて一致していたわけだ。入社当時のリクルートの匂いがするので「リクルートＤＮＡの冷凍保存庫」だとつぶやいていた。

会社や事業自体にはとても満足していたのだが、やがてひとつの思いに取りつかれるようになった。「自分たちは何屋なのだろう?」という問いだ。事業モデル自体はシンプルで転職希望者と求人企業をつなぎ、転職実現の際に成功報酬をいただくもので、俗に「人材紹介業」と呼ばれるものだ。自社で雇用する人材を他社に派遣する「人材派遣業」とは異なるモデルだ。しかし、実際は「派遣先を紹介するのでしょう?」といったように、派遣事業と人材紹介事業が混同されることが多かった。

社名変更の理由——業界認知を高めるために

リクルートの転職メディアには『とらばーゆ』や『ガテン』などがあったが、いずれも社会的に普通名詞のように溶け込んでいた。「とらばーゆする」とか「ガテン系」といったように。

しかし、「エイブリックする」という状況にまで浸透していなかった。一方社会に目を転じるとスポーツ選手の移籍にはエージェント（代理人）がサポートしている。もし社名に「エージェント」がついたら、ビジネスマン同士で「そろそろ俺も転職エージェントでもつけようかな」といった会話が交わされるかもしれない。子供たちが「将来僕は転職エージェントになりたい」という夢を作文に書くかもしれないと思ったのだ。

リクルートエイブリックは業界で圧倒的な1位であった。**業界トップの責任は、業界全体をけん引すること**でもある。その業界認知があやふやではまずいのではないかという自問自答だった。

そのころ、「転職エージェント」とネットで検索してみるとヒットしたのは2件だけだったのを覚えている。しかし、葛藤ののちに腹をくくった。「リクルートエイブリック」を「リクルートエージェント」に社名変更することにしたのだ。

従業員からすれば自分の名字が変わるようなもので反発も大きかった。愛着をもっていた社名であればなおさらだ。私の経営観と合わない当時の役員も去っていった。私は完全に孤立したのだ。

しかし、社会に自分たちの存在を示し、理解を得ようとする思いは変わらなかった。社名変更後1年で「転職エージェント」の検索ヒット数は200万件を超えた。今では同業他社の多くが「転職エージェント」を事業名称に使っている。この原稿を書いているタイミングで検索してみると検索件数は1400万件を超えていた。少しずつ「自分たちは何屋なのか」の輪郭が見えてきているのかもしれない。

拍手と握手の会社——働きがいのある会社日本一に

転職エージェントは転職希望者にとっていい会社を紹介することが仕事だ。しかし、その「いい会社とは何か？」、これが次なる自分の問いだった。もちろん「いい会社」は人によってさまざまであるのはもちろんなのだが、その基準となる軸を探していたのだろう。そんな折、「働きがいのある会社ランキング」が日本に参入するという記事を見た。昔リクルートでも「人気企業ランキング」といった調査を行なっていた。また週刊誌では「給与ランキング」や「福利厚生ランキング」といったものがあったが、私は「働きがい」という言葉に妙に引かれてしまったのだ。

調べてみると、サンフランシスコ本部のGreat Place To Work®（ＧＰＴＷ）という本部が主催し、リスティング調査を希望する会社に対して独自の調査をした上で、その結果ランキングを各国の主要経済誌に発表するというものだった。すると、その上位企業は株価が上がるのだそうだ。働きがいのある職場では、従業員が商品開発やサービス開発に力を尽くし、結果、顧客の満足度は向上し、最終的には財務的な果実もついてくるというものだった。ぜひともそんないい会社を転職希望者に紹介したいものだと考え、まずはリクルートエージェントがモルモットになることにした。

従業員の許諾を得て、各階層あわせて約400人近くのメールアドレスをGreat Place To Work®に提出すると、そこから従業員にアンケートが配られる。従業員からすると「働きがい」についての本音を会社の執行部に知られることなく、安心して回答できるし、Great Place To Work®としても率直な意見をベースとした調査ができるメリットがある。同時にリサーチ部門からは経営者インタビューや人事部門の施策のリサーチが入る。

初年度の調査発表は2007年の『日経ビジネス』で発表になった。開いてびっくり、参加62社中で第1位がリクルートエージェントだったのだ。『日経ビジネス』には「拍手と握手の会社」といった記事が組まれていた。審査の観点や基準を学ぶために参加したので順位はまったく期待していなかったが、「拍手と握手」は嬉しかった。

前述した「全社マネジャー会議」のくだりで、リクルートの会議を「つくられたシナリオ通りに進行してく形骸化した虚構ではなく、何が起こるかわからないライブ感が満載の場」と記した。寄席も歌舞伎もオペラもコンサートもライブには拍手がつきものだ。ストーリーやセットリストはどの公演でも同じだけれど、生身の人間が演じる同時進行のライブには拍手が沸き起こる。

人間にはミスがつきもので、本来再現性が保証されているわけではないのが人生だ。同じライブ空間にいる生身の人間である演者に拍手という激励や祝福のメッセージを送るのだ。もちろんミスの多いサッカースタジアムも拍手やハイタッチや握手で溢れている。

職場も毎日が同じ繰り返しばかりでライブ感のない空間では拍手も起こらない。しかし、何が起こるかわからない職場では、「おめでとう」とか「やったね!」といった歓声がわき、仲間が握手している姿を見たりする。働きがいのある会社の1位になったことより、働きがいの誉め言葉が「拍手と握手」であることが何より嬉しかった。

同じ空間で多くの人が価値を共有し、交流しているライブ感と近いところに「**天日干し**」が存在するように思う。

退職理由は半径10メートル以内にある

退職と言えば、転職相談を生業とするリクルートエージェントの社長になって学んだことがある。長年転職相談に応じたベテランキャリアアドバイザーによれば、退職理由の8割は「昇給が見込めない」でも「昇進が見込めない」でもなく、「トップのビジョンが見えない」とか、「会社の将来性が不安だ」といったものだけではないというのだ。

退職の引き金を引く直接的なきっかけは、辞めた本人の半径10メートル以内にその原因があるという。直接の上司の課長がろくに本人の仕事ぶりを見ているわけでもなく、評価もテキトーで、いいかげんだったりする、もしくは、上司がその本人の良くない噂を周囲にしているというのが耳に入ったりすると、もうヤッテラレナイということになるのだという。

安月給でも職場のために頑張ってきたのにもう堪忍袋の緒が切れた、ということだろう。上司がそんな状況なら結果として、昇給も昇進も望めるものではないだろう。

また半径10メートルに位置するはずの会長と社長が分裂していたり、複数の専務同士や常務間の関係が悪く、派閥争いがあったりする組織にいいことはない。夫婦仲の悪い家庭の子供たちのように、従業員の苦労は絶えないものだ。

一方で、トップ同士が同じ夢を見て将来を語り合っていたりする組織は幸せだ。自然と半径10メートルの関係性の連鎖はつながっていき、部長と課長、課長と係長が語りの輪を広げていく。組織健全化はお互いの職場内の関係性の質にかかわってくる。関係性の可視化こそ、天日干し経営が目指すところだ。

リスクマネジメントと銭形平次

リクルートエージェントの社長時代に「危機管理システム研究学会」というところに呼ばれ「企業に静脈系を創る」というテーマで講演したことがある。学会の趣旨は、有事の際にこそ、当事者の関係性の質が、そのリスクマネジメントの成否を分けるのではないか、というものだった。

私はその講演でテレビ番組『銭形平次』の話をした。ドラマでは番組の冒頭事件が起こる。子分の八五郎が身近に起こった事件の情報を入手すると「親分、てーへんだ」と市中で蕎麦を食べている銭形親分のところに飛び込んでくる。その後いろいろとあって、最後に銭形親分が銭を投げて、犯人を取り押さえるという捕物帳だ。

ここで大切なポイントは、有事の際に銭形親分のところに、八五郎が飛び込んでいける関係性が存在することだ。そのためには常日頃から上司と部下が親しくつき合っているかどうかが問われるのだ。トップが常日頃から従業員に、「話があるときは、まずは部長や本部長を通してから来い」と形式論を振りかざしていては、有事とは言えとても直接トップに「大変です」とは言えないものだ。

また、どこの蕎麦屋に親分がいるのか部下の八五郎も知っているということもポイントだ。現代で言えばトップに直接つながるエスカレーションシステムが機能しているかどうか、ということだ。リクルートエージェントの社長時代、私の予定はイントラネットで詳細にわたるすべてを従業員に公開していた。まさに天日にさらしていたのだ。

学会では「静脈系」ということについても話をした。

体内での動脈系とは全細胞が必要とする酸素や栄養素を心臓のポンプの圧力を使って全身に運んでいくためのルートだ。**企業で言えば、動脈とは企業活動に必要な情報やノウハウを心臓に当たるトップから構成員に伝達していくルート**だ。その動脈ルートはさまざまで、社是や社訓、ミッション、ビジョン、バリューやパーパス、企業理念などの哲学、信念、思想系などのルートを経る場合もあれば、会議、研修、社内報といった情報系ルートもある。また行動指針や人事評価項目などといった指標系動脈ルートを経ることもある。ある意味組織全体に動脈系は張り巡らされているのだ。

しかし、個々の細胞側に当たる従業員から見れば、動脈系が運んできたメッセージをすべて消化できるものではない。時には「頭ではわかっているけど、なぜか腹落ちしない」ということも出てくる。こうしたときに、**不要なものをろ過したり、排せつしたりする静脈系が重要になってくる。昭和の企業が行なっていた「運動会」や「社員旅行」「納会」などは「静脈系」として一定の機能があったのではないかと思われる。**

また、仕事帰りの赤ちょうちんも「静脈系」の機能を果たしていたかもしれない。「課長、私もう辞めたいです」と、飲み屋で告白すると、課長が「バカ野郎、俺だって辞めたい」と言い出す。そうして本音を語り合っていくと、明日、もう一度頑張ってみるか、という気分になっていたりもしたものだ。

雇用の多様化が進み、リモートワークなど働き方も変わり、ワークライフバランスなどの考え方が浸透していく中で、昭和の静脈系は必ずしも使えるものではない。だからこそ現代の価値観に合わせた静脈系の開発が急がれる。仕事から離れた、さまざまな社内コミュニティも新たな静脈になりつつある。

上司の素顔が見える組織、お互いの本音が率直に交換できる職場、そんな職場こそ天日干し系の組織である。もしかしたらスポーツ観戦などもひとつの静脈系かもしれない。

リーマンショックが転職市場を直撃——アジアに出る覚悟

２００８年９月15日にリーマン・ブラザーズ・ホールディングスが経営破綻したことに端を発するリーマンショックが日本経済に大きな影を落としたのは２００９年から２０１０年にかけてだった。世界経済の減速に合わせ、円高が進行し、日本も輸出企業中心に低迷に苦しんだ。

そうした中で２０１１年の東日本大震災が追い打ちをかけた。求人動向と景気は感応度が高く、特に経営者の心理と有効求人倍率は比較的一致する。国内では求人どころではなく、リストラの嵐が吹き荒れた。これまで日本企業は海外で安く製造した商品を国内消費に向けていたのだが、今後は販路を海外に向けていかなければならなくなる。アジアを中心とした海外の日系企業も製造中心の生産管理者や品質管理者などの技術者は抱えていたが、海外市場のニーズに合わせた商品開発やマーケティングの人材は多くない。

私自身、今後の日本経済の再建に貢献するためにはアジアに軸足を置き、そうした国際化ニーズを人材面から支援していこうと決めた。

日本のリクルートエージェントの社長を後任の水谷智之に委ね、単身香港に向かった。中国と日本は「一衣帯水」と呼ばれるほど距離感が近い。また東南アジアも時差がなく比較的身近な関係だ。なので、日系企業の現地トップは日本からの出向組が多い。

しかし、欧米から見ればアジアは太平洋、大西洋を渡る極東という感覚だろう。グローバル企業の中国拠点における総経理やアジア・インドのカントリーマネジャーは欧米からの出向ではなく、現地の人材から登用する傾向がある。

そうした欧米企業と日系企業との比較から、アジアで働く人々からは、日系企業は頑張っても社長になれない「見えないガラスの天井（glass ceiling）」があると言われた。特に人材を現地企業に紹介する企業のトップである私がリクルート役員を兼任する形での出向でいいのか、現地従業員は納得するのか、自分は受け入れてもらえるのか、正直悩んで香港に向かっていた。

最終的には、リクルートから籍を抜く形で現地の経営のトップになるのだが、現地契約トップを、現地の従業員はとても喜んでくれた。英語もろくにできず、海外勤務の経験もない人間が、いきなりトップの立場で飛び込むという経験は、素人チェアマンがサッカー界に身を投じるという試練の前哨戦でもあったように思う。

M&Aは肝臓と芸

衰退産業から成長産業への労働力の分配はその国の成長力や安全保障を決める上での重要なファクターだ。そうした観点から、人材紹介事業は国の規制を受けることが多い。実際中国での人材事業は外資規制の対象業種だ。

そうした中で、香港は中国の一部でもあり、香港での人材事業のライセンスは中国本土での事業を可能にする。また香港からアセアン諸国への航空路線の便も良く、アジア全域での人材事業を視野に入れた場合、戦略的にも理にかなっていた。私自身、香港に身を置きながら香港登記の会社Good Job Creationsを最初に買収し人材ライセンスを継承した。その会社をRGF（Recruit Global Family）Hong Kong Limitedと名づけた。

次に、その会社を母体にアジア圏最大級のエグゼクティブサーチ会社Bó Lè Associates Group Limited の買収にチャレンジしていくのだ。リクルートグループは日本国内では知名度はあるが、アジアではまだ無名に近い。まして、香港の母体となるRGFは従業員もわずかな中小企業だ。その私たちが従業員600名近くのBó Lèを買収しようとするのだから、不慣れな海域で、手漕ぎボートが戦艦に挑むようなものだ。

Bó LèグループオーナーのLouisa Wongはまさに女傑だ。ハーバードのMBA（経営大学院）を卒業し、大手金融のJPモルガン、人材企業大手のラッセルレイノルズのマネージングディレクターを経て起業する。経営者を見極めるコンサルタント集団によるエグゼクティブサーチ事業は、中国のメインランド7都市（上海、北京、天津、深圳、広州、蘇州、成都）から香港、台湾、アセアン各国にまで及び、アジア最大規模にまで育て上げた。

社名の「Bó《ボー》 Lè《レ》」とは「伯楽《はくらく》」の中国語読みだ。中国の故事にある「千里の馬は常に有れども伯楽は常には有らず」から引用したものだという。「千里を駆ける名馬はいても、そうした名馬を見いだす目利きの名伯楽は多くいるものではない」という意味だ。

才能を見極め、引き出す名人を名伯楽と言う。そういう意味では、Louisa Wong

は経営者の才覚を見抜く名伯楽という集団の親分なのだ。私を見れば、即座に無能な経営者との烙印を押すことだろう。加えて、彼女が心血を注いで育て上げた我が子同然の事業を買収するなんて想像を超えるハードルである。

私は、小手先で対応できる相手ではないと知り、体当たりで行くことを覚悟した。私の英語は中学校レベルのボキャブラリーだ。しかし、外国語が得意ではないことを恥じる必要はない。**英語が上手かどうかよりも、どんな手段を講じても、相手に伝えたい真意が自分にあるかどうかのほうがはるかに重要なはずだ。**欧米の人材ビジネスのプレーヤーがアジアの経営者市場を席捲している。「アジアでは、我々アジアのプレーヤーがこの市場を創造するべきだ」との一点に関して、私は手を替え、品を替え伝えていくことにした。時に単語をつなげ、時に筆談、ジェスチャーで対峙した。いったい、何度Ｌｏｕｉｓａ Ｗｏｎｇとミーティングをもったことだろう。食事に行き、カラオケに行き、ダンスも踊った。

もちろんＭ＆Ａはチーム総力戦だ。財務やリーガルなどのデューデリジェンスは伊藤純一や外山晋吾らのプロが対応するし、通訳も使う。しかし、トップとの信頼関係構築は私

写真5　「上海灘」を披露した宴会の様子

2011年9月、中央左が筆者、中央マイクを握るLouisa

の役割だ。

香港には「上海灘」という国民的ドラマがある。香港発で中国全土でも人気を博した誰もが知るドラマだ。上海ギャングと街娘のラブストーリーが定番のドラマだ。その上海ギャングのトレードマークは白の長いマフラーだ。私は、日本のドン・キホーテで白のルーズソックスを買い、左右をつなげて首に巻き、Bó Lèのマネジャー会議で広東語の原曲「上海灘」を丸暗記して歌った。その1曲の披露はM＆Aの勝負どころだったので、新橋の烏森口などでギャングの喧嘩シーンのロケまで敢行してカラオケのVTRをつくり、宴会場に持ち込んだ（写真5）。

まさに「M＆Aは肝臓と芸」で勝負しようと話していたのを思い出す。このあたりから合意に向けて少し流れが変わってきたように思う。最終的には完全買収への流れができたのだ。同様に体当たりで挑んだインド大手のエグゼクティブサーチ会社の買収も実現した。

海外の場合、稟議や会議だけで物事が決まるわけではない。オーナーとの対峙は自分自身を天日にさらし、丸ごと品定めをしてもらうくらいの覚悟で臨むのがちょうどいいように思う。天日干し経営について身をもって学んだのは海外事業なのかもしれない。

買収のめどがつき、海外事業にひとつの方向性が見えたので私はリクルートグループを離れることにした。少し長くいすぎたのかもしれない。53歳を過ぎていた。

第3章

Jリーグを変えた「天日干し経営」を定義する

天日干しとは

これまで、逃げも隠れもできないJリーグ素人チェアマンだからこその「天日にさらされる」足跡をたどってみた。また、リクルートで体験した「天日干し経営」の原型とも言えるような記憶をアトランダムに紹介してきた。

ここで一度、「天日干し経営」とは何なのか、もう少しその定義や構造をはっきりさせておかねばならない。洗濯物や布団などを天日に干すことで、雑菌の繁殖を抑えたり、ダニなどへの対策効果があったりすることは誰もが経験している。私の母はよく「虫干し」と言っていた。また、天日に干したタオルなどを嗅いでみると消臭効果があったりする。天日干しした布団はふんわりいい香りがする。また、魚の干物などは、たんぱく質が分解されて旨味成分が生成された保存食にもなるし、渋柿は干し柿にすれば甘みも出てくる。

太陽を浴びないでいるとビタミンDの生成量が減少すると聞いたことがある。ビタミン

Dはカルシウムの吸収を助け、免疫力を高める機能があるといわれる。骨や歯にも影響はあるし、筋肉を強くする役割も果たすらしい。我が家の猫は仕事もしないで、陽の当たるところで寝てばかりいるが、猫の場合、太陽光ではビタミンDを生成しないが、ビタミンDの吸収効率を高めるのだという。だから猫は昔から縁側での昼寝と相場が決まっているのかもしれない。天日干しは、人間だけでなくいいことばかりだ。

この場合の「天日」は文字通り「太陽」であったり「風通しの良い外気」であったりする。「天日」は特別な場所にしまってあるのではなく、誰でも日中に屋外に出れば、全身に浴びることができる。**「天日」を手に入れるのに費用や手間はかからない。お天道様の下では、何者も平等で、差別や格差といった概念は存在しない。**

この「天日干し」を経営手法に生かしたり、豊かな人生を送るためのヒントにしたりしていくことができたらどんなに素敵だろう。その前に、少し「天日干し」の概念を整理してみる必要がある。

経営における「天日」とは何か

「自然界の天日」が「降りそそぐ太陽」だとすれば、「経営における天日」は「降りそそぐ関係者の視線」と位置づけられる。閉鎖的な経営が関係者にさらされた場合、雑菌やダニに当たる隠ぺいした不祥事は立ちどころに駆逐される。陰ながら努力を続けていた経営が関係者にさらされた場合、旨味に当たる経営成果は「日の目を見る」ことになる。

経営にとっての「関係者の視線」は「顧客の声」だったり、「仕入れ先の真意」だったりする。また「株主の要望」や「地域社会の期待」などの形で降りそそぐこともある。時には経営者にとっての関係者は社外だけでなく「従業員」のこともある。

縦割りの組織は時に社内であっても、タコツボのように他部署に閉じている場合がある。「風通しが悪い」状況だ。そうした組織ではおいしい干し柿はつくれない。要するに、組織や働く人々に対して、常に関係者の視線が降りそそいでいる状況が大切なのだ。

どのようなときに「天日干し経営」は有効か

「天日干し経営」における「天日」を仮置きしたところで、次は「どのようなときに『天日干し経営』は有効か」という導入タイミングや環境状況を考察した上で、「どのように天日に干すか」という方法論を論じてみたい。

「どのようなときに天日に干すか」、これは第1章で述べてきたような状況を再整理することで振り返って見てみたい。

①組織であれ、個人であれ未知の分野や未経験の世界に向かうとき

まずは、誰もがピンチと感じるときは「**未知との遭遇**」だろう。いわゆる「転校生」の心境だ。

素人チェアマンが就任したとき、「命を賭して」と会見で述べたように、過去の経験則も通用しないし、逃げ隠れもできない、ごまかすこともできない状況では、勇気を出して自分をありのままにさらしていくこと以外に道はない。**自分をさらすことには勇気が必要**

だが、そのレベルは「命を賭して」という表現が誇張ではないくらい難易度は高いものだ。失敗は恥ずかしいし、何事も不安だし、自己嫌悪に陥ることもある。とっさに自らをさらせるものではない。

だからこそ、常日頃から天日に干すことの重要性だけは認識しておく必要がある。逃げてもいいのだが、自分が逃げたことを認識できていれば次につながる。「おい、村井満。逃げたな。誰も気がついていないが、俺は村井満が逃げたことを知っているよ」と自問自答する。**問題なのは「天日干し」の重要性を認識せず、無意識に逃げ続けている**ことだ。自己をさらすことは前述の「傾聴」につながり、助言者が現れる。10年活躍する選手に共通するようなリバウンドメンタリティも身につけることができるようになるはずだ。ピンチはチャンスと実感できるようになればしめたもの。「未知との遭遇」を楽しめるようにもなる。

②大きなトラブル、不祥事などに遭遇したとき

有事のときにも有効だ。DAZNの配信初日に配信トラブルが起きて、大混乱に陥った。こうした**不測の事態にこそ、「天日干し」は有効**だ。まさに「犬と記者は逃げると追って来る」し、「隠し事は雪だるまのように大きくなっていく」。

Jリーグチェアマン在職中はさまざまな不祥事が起きた。クラブやリーグでのハラスメント、不正経理や横領事案、交通事故などなど。しかしすべてに開示を心がけてきた。**違反行為そのものよりも、隠ぺいした組織にはきわめて重いペナルティを科した。「人に言えないことはやらない」という約束事があれば、ルールブックは厚くならずに済む。**

自然界の天日干しで雑菌やダニなどの増殖が防げるように、企業経営でも健全経営に天日干しは不可欠だ。前述の「銭形平次」を出すまでもなく、リスクマネジメントには風通しが重要だ。**心地よい風が社内に吹くようになっていくプロセスそのものが、文字通り企業風土の改善**なのだ。

③環境変化に適応し、イノベーションを起こしたいとき

変革に迫られたときに、**足を使って現場を回るということは自らを開示していくプロセスにほかならない。**

また、社内での関係性が開いていれば、従業員から「反動蹴速迅砲《はんどうしゅうそくじんほう》」のような改革のヒントが湧き上がってくる。経営者が大きな声で「改革」と叫んでも簡単にアイデアが出るわけではない。「新事業をやろう。この指とまれ！」と叫んでも誰も動き出そうとしないことも多い。ありたい姿を語り、現状の課題をオープンにして、ミッシングリンク（連続性・継続性が欠けている部分）は何かを伝えること、そして心理的安全性が保障されてはじめて組織は動くものだ。

また閉じた小部屋に閉じこもっていては、世間の環境変化にさえ気がつかない。リクルートでの議論ではないが、組織間で人が流動してはじめて情報は流れてくる。組織の浸透圧や社会との垣根の高さも見直す必要がある。企業が「社外取締役」を積極的に登用し始めたのも経営の最高機関を社会にさらすことで環境適応力を高めようとする知恵だろう。

④組織の個々の構成員の関係性を強化し、強い組織をつくりたいとき

最後に**チーム力を最大化する**ためにも天日干しは有効だ。サッカーにおいて、チーム人件費の総和はある意味、競技力の代替変数でもあるだろう。ある調査によると、ワールドカップカタール大会でのチーム別市場価値（選手年俸の総和）は日本が100億円程度としたら、ドイツやスペインはその10倍以上であったという。ワールドカップにおいて日本がドイツやスペインに勝つのは困難なことは数字から見てもわかる。それを可能にしたのは、**個々のチカラの総和を超えたチーム力**があったからにほかならない。

「働きがいのある会社」というリスティング調査において経営と従業員の信頼関係を構成する要素を紹介したが、そうした会社がすぐれた商品や素晴らしいサービスを生み出し、

顧客満足を生み出し、財務的な果実を手にする。**そうした組織力を継続的に高めていくには組織構成員が忖度なく、言うべきことが言える関係性でなければならない。**リクルートのROD（Recruit Organization Development の略称）などはそうした忖度なく自立した個々人が意思を表明する土壌を育む天日干しツールであった。

毎年の人間ドックのときに健康状態が示されるように、組織のコンディションが構成員に示されることからすべては始まると言っていい。

いずれにせよ、組織の天日干しは、いかような場面でも有効である。逆に言えば密室での経営でいいことはあまりない。ただ、やみくもに情報開示してもそれが天日干しにつながるとは言い難い。それでは具体的にどのように天日干し経営を行なっていくのか、実例をもとにいくつかの方法論を紹介したい。

天日干しあれこれ　①構造を変えて干す

経営の透明性を高めようと、オープンな経営を志しても、実は多くの障害に阻害されて天日干しに至らないことが多い。

例えば、天日干しをしようと屋外に布団を持ち出しても、近隣の日照をさえぎる建造物や大きな「ひさし」が邪魔をすることもある。組織を天日干ししようと思っても、その組織が複雑で、それぞれが分断されていたり、階層が多かったりすると、なかなか全体像を関係者の視線にさらすことが難しかったりする。

また経営トップが組織を指揮しようとしてもメッセージが伝わらないとか、現場の意見が入ってこないなどといった形で身動きがとれないこともある。加えて、組織に限らず、従業員が働く環境やシステムインフラなどに問題があるとオープンな経営を阻害することがある。これはリーダーシップだけの問題ではなく、構造上の問題である可能性もある。

Jリーグのケースをもとに紹介してみよう。

実例1　組織構造としてのタコツボを壊す

Jリーグという公式試合を運営する団体の法人格は、「公益社団法人」である。公益性に資する経営であることを前提に税金が減免されている。それゆえ事業活動で上がった利益は、公益事業に再投資することが求められ、配当などによって利益を法人外に配分することは認められない。

一方、利益を目的とした私企業ではないので、各都道府県では行政所有のスタジアムなどを貸与してもらうことができたり、スポーツくじｔｏｔｏの対象試合になったりすることができるのである。そうした趣旨から、公益法人は、利益を追求する株式会社の株式を50％までしか保有できない。また資本系列にある株式会社の代表を公益法人のトップは兼任することができないのだ。

一方でＪリーグの活動は、試合運営だけではなく、ファン・サポーター向けのレプリカユニフォームやマフラー、タオルなど応援グッズの販売を行なう収益事業もある。また各種映像や静止画などもニュースやカレンダーなどの用途に加工して販売することもある。要するに収益事業も存在するのだ。こうした収益事業を担う株式会社もＪリーグのグループとして連携しているのだが、前述のように公益法人であるＪリーグは株式会社の株式を50％までしか保有できないので、お互いの企業がお互いの株式を持ち合う、いわゆる持ち合い構造でこれまで運営してきたのだ。その構造を示したのが、（図表3−1）である。

図の上部にあるＪＦＡ（公益財団法人日本サッカー協会）とＪリーグ（公益社団法人日本プロサッカーリーグ）は公益法人で、点線で囲んだ枠の中にあるのが事業会社だ。矢印と数字は出資の方向と出資割合を示している。

複雑に入り組んだ株式の持ち合い構造は難解で、個々の企業のオーナーシップは不明確

図表3-1　複雑に入り組んだ株式の持ち合い

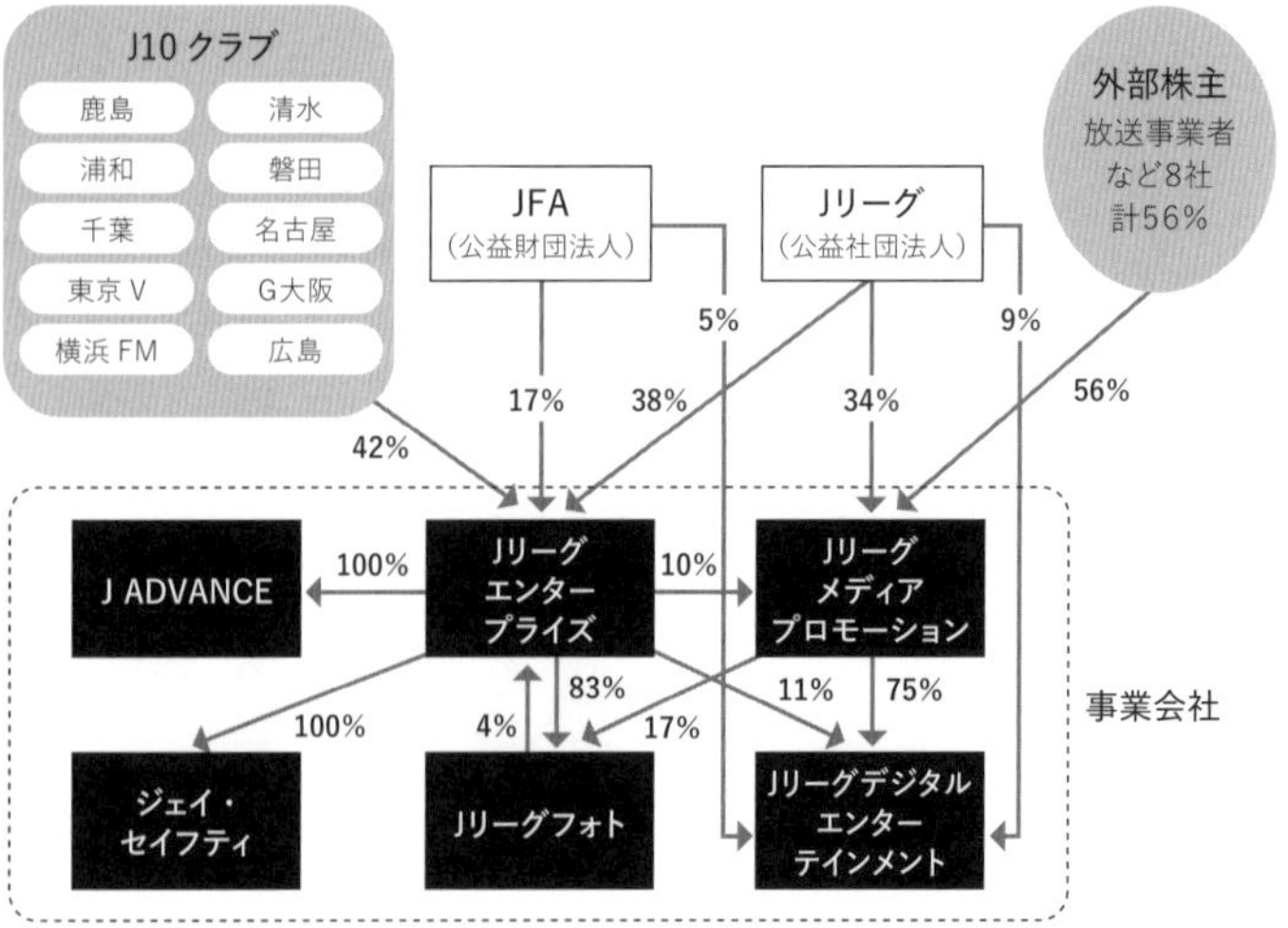

（2016年1月31日時点）

である。要は誰の指示を受けて事業を行なうかが不明確なわけだから責任の所在も不明確になる。事業会社6つに6人の社長がおり、従業員は個々の会社と雇用契約を交わすから6通りの本籍をもつプロパー社員がいることになる。人事制度も6通りで、目指すべき仕事のベクトルも6社バラバラとなる。

従業員はどうしても本籍の会社の方針に縛られるので、同じサッカー界にいながら、キャリア形成も固定的になる。本来インターネットという土管にはさまざまな商材やデータが統合されてお客様のもとに届けられるのに、従業員の意識は「私はJ

リーグエンタープライズというマーチャンダイジング（物販）の会社なので映像や試合運営とは関係ありません」となりがちだ。またJリーグエンタープライズの株主構成はもうJリーグは50クラブを超えているのに、20年経過した時点でも株主は創業当時のオリジナル10（図表3−1の「J10クラブ」）中心のままで、収益事業の配当もクラブ間での不公平を残したままになっている。

映像を担うJリーグメディアプロモーションも放送事業者などが56％も株式を保有している。これまでは、地上波や衛星放送中心にJリーグを支えていただいてきたのだが、これからは放送だけではなく、ネット配信などもその重要性が増してくる。

そうした意味でも株主の構成は見直さなければならなくなっていた。Jリーグのチェアマンがグループの方向性を示そうにも、まるでタコツボの集合体のような組織形態ではなかなかその意思も届かない。逆に個々の現場で起こっている状況などもつかみにくい。

天日にさらせない、ひさしが入り組んでいる組織構造なのだ。

Jリーグは開かれた組織構造に向けて関係者と協議を重ね、オリジナル10のクラブや放送事業者に株式の買い取りのお願いを重ねた。株式は個々の所有者にとっては私有財産そ

図表3-2　Jリーグホールディングスに収益事業を集約

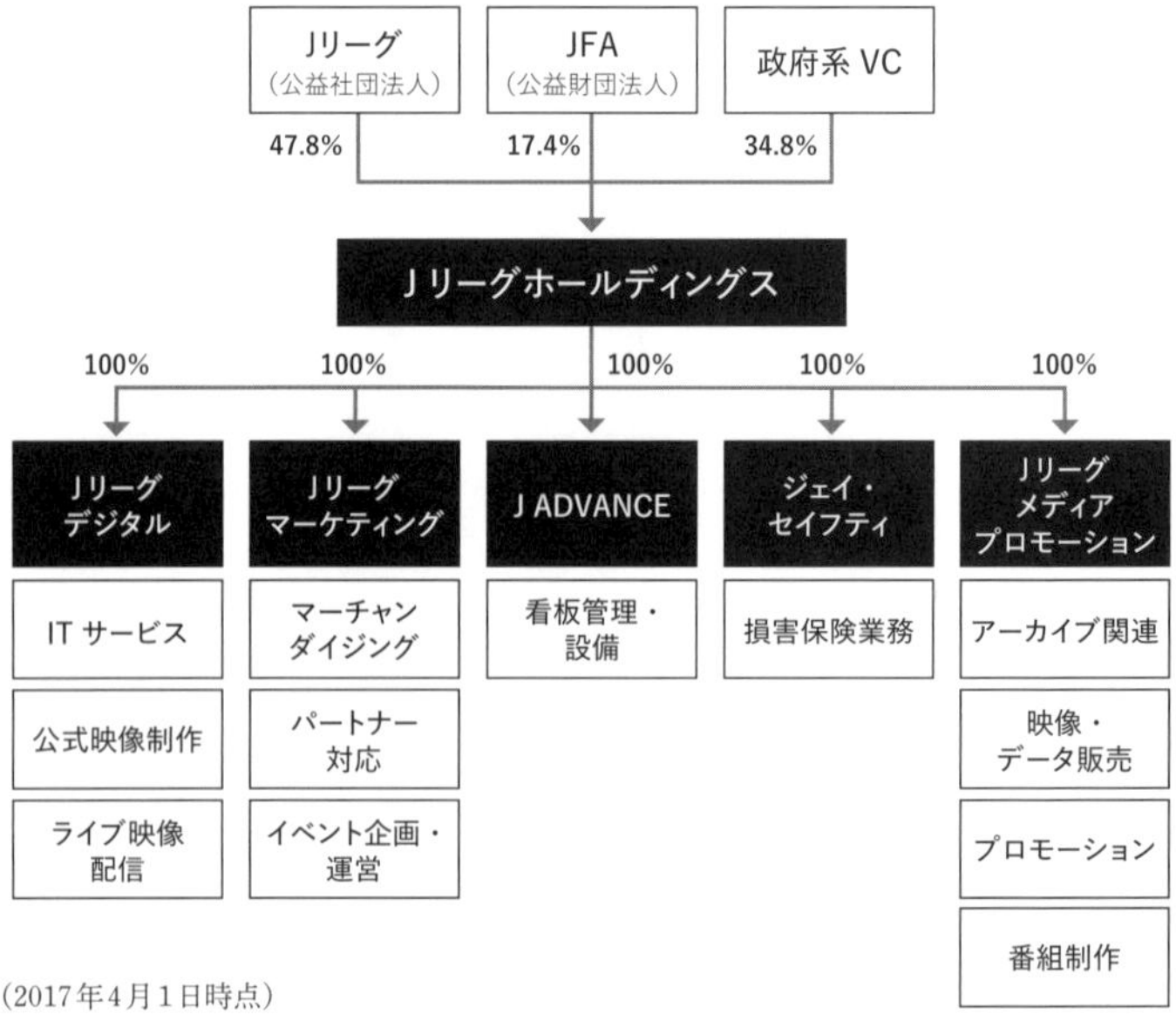

（2017年4月1日時点）

のものであり、買い取りは合意を取りつける以外には方法がない。最後は関係者すべての合意をいただき株主構成は大幅に変化した。図表３－２のように、政府系の組織である東京中小企業投資育成株式会社に新たな株主になっていただき、Ｊリーグエンタープライズを存続会社として、株式会社Ｊリーグホールディングスに商号変更した。その傘下に１００％子会社５社を配した。これまで５社個々に本籍を置いていた従業員やＪリーグに本籍をもつ従業員は全員株式会社Ｊリーグホールディングスに本籍を移した。

これですべての従業員はワンチームとして交流することができ、あらゆるフィールドでキャリアを積むことができる。そして、個々の役割を超えて協働しながら、インターネットという土管にあらゆるサービスを乗せていくことが可能になった。何よりも株主の方針が全社に伝わりやすくなったし、私自身、現場の理解も格段に進んだ。Jリーグはこうした組織の天日干しを通じてデジタル改革が加速していったのだ。「組織はシンプルに！誰もがお日様の下に！」。これが何よりも天日干し経営に大切なスタンスだ。

実例2　オフィス構造を変える

前述の組織構造の改革は、何も組織図や会計上の変更だけではない。働く従業員の職場環境も大きく変えることになった。むしろこちらのインパクトのほうが大きいと言ってもいいかもしれない。多くの企業は組織単位、部署単位で座席の配列をしているはずだ。新型コロナウイルスの流行以降に、リモートワークが普及しフリーアドレスの会社も増えているが、Jリーグはコロナ以前の2017年から先に説明したガバナンス改革に連動する形で「公益Jリーグ＋6社体制」から「ワンチーム」への移行を標榜してオフィス改革も行なった。

写真6　フリーアドレスのオフィス、役員室、ブロック制なし

チェアマンも社員と同じ部屋で仕事をする。○で囲まれたところに座っているのが筆者

フリーアドレスの会社でも役員室などは残しているケースが多いが、Jリーグではチェアマン室はもちろん、役員室を全廃した。役員自らを天日にさらすためだ。また、従業員も個席は全廃し、組織単位のブロック制もなくした。出社する日によってパソコンを接続する場所を変え、場合によっては午前と午後で場所を変える。何の仕事をするかではなく、誰と仕事をするかでフォーメーションを変えていくのだ。私も写真6のように従業員の中に入り仕事をするようにに変えた。

従業員がクレーム処理に追われている様子を耳にすると現場の問題点が見えてくる。

また私が関係者との会話を終えたあと、

少し従業員に内容を解説するとトップの視点を共有することもできる。

もちろん守秘義務に関することは席を立ち、会議室で話すこともあるが、実はそう多くないのが実感だ。ゴールキーパーはピッチのすべてが見渡せるように、お互いがお互いを見渡せるとさまざまな情報が入ってくる。オフィスで拍手が起こると「何があった？」と確認に行ったりする。

時に代表クラスの選手がひょっこりオフィスを訪ねてくれたりするとみんなが集まり歓待したりする。朝礼で新入社員を迎えるときなどは、Jリーグのアンセムをかけて全員輪になり新人をハイタッチで迎える。まるでサッカー場にいるような感覚になる。五感で感じてはじめて組織はワンチームになっていくのだ。オフィスレイアウトという構造を変えることも重要な天日干しへの手段である。

実例3　デジタルインフラという構造を変える

組織構造を変えて、組織間のひさしを壊して風通しを良くしたように、**データインフラを変えることで情報が誰のところにも太陽のように降りそそぐ形に変わる**ことがある。

リーグとクラブそれぞれが個別に情報をもっていた状況から、リーグとクラブの間に土管を通し、あらゆる映像データや公式記録、公認記録などを一元管理し、チケット販売や物販などのＥＣシステムなどを整備した。またすべての顧客サービスの土台となる顧客ＩＤ基盤などを構築した。

前述のようにクラブを訪ね歩き、足を使うことで見えてきたデジタルプラットフォーム構想だ。チェアマン就任から構想1年、２０１５年4月1日に笹田賢吾という一人のエンジニアを採用することからすべてが始まった。当時、スポーツ統括団体で本格的なエンジニアを採用するということも珍しかった。社会一般では、顧客サービスも一人ひとりのニーズに合わせたパーソナライズされたものになってきている。ＪリーグＩＤ保有者は当時0人だったものが今では、３５０万人近くまで増えている。Ｊリーグはこうした方々にも、あらゆる側面から自らをさらすことができているのだ。

お祭りなどの夜店には、おもちゃなどが数多くの紐でぶら下がっている「千本引き」という露店がある。束ねられた紐を引くと、何かが当たるというものだ。いわばネットでの顧客との関係も同様で、一人ひとりがサーバーを介してつながっている。大衆とか顧客群などと塊で捉えるのではなく、一人ひとりと向き合う構造に変わってきている。「千本引き」の露店を眺めるたびにＪリーグのデジタルプラットフォームを思い浮かべている。

実例4 データそのものの構造を変える

サッカーを多くの人に広く伝えるには、フルマッチのライブ試合映像だけでは不十分だ。時には分析データもさらしていく必要がある。そしてそのデータをさらすに当たっては、そのデータの構造自体を変える必要がある。

Jリーグでは2016年のDAZNとの放映権契約締結よりも前の2015年2月に、スタッツデータの取得に向けた投資の決定を発表している。Jリーグは、パートナー関係にあるデータ分析の専門会社であるデータスタジアム株式会社と協力して、ミサイルの追尾技術をJ1スタジアムすべてに配備することを決めたのだ。

ミサイルの追尾技術というと穏やかではないが、軍事技術として使われる自動追尾（トラッキング）システムを応用したもので、スタジアムに専用カメラを設置してピッチ全体を撮影し、選手・ボール・審判などの動きをデータ化するシステムだ。

このトラッキングシステムは「Tracab（トラキャブ）」と呼ばれるCHYRONHEGOという企業の技術で、小西孝生ら、Jリーグメディアプロモーションの仲間が強く私の背中を押したのだ。この技術によってサッカーのあらゆる事象を可視化することができたのだ（図表3-3）。これまで試合データというと、出場メンバーリストやスコア、警告／退場数（Level 1）や、シュート数、FK（フリーキック）数、CK（コーナーキック）数、オ

トラッキングデータ（※J1のみ）

Level 5	Level 6	Level 7
特殊データ	Basic Tracking	Tactical Tracking
・空中戦勝率 ・特定エリア進入回数 ・得失点パターン ・ボールゲイン／ロスト位置 ・時間帯別得失点 ・選手パターン分類	・選手走行距離 ・選手加速度 ・チーム総走行距離 ・走行スピード ・移動エリア ・ボールの動き ・審判の動き	・全選手アニメーション ・選手間の距離 ・平均ポジション ・状況別走行距離 ・時間別走行距離 ・状況別ポジショニング ・ピッチ全体の映像

フサイド、得点者など（Level 2）、いわゆる「公式記録」と呼ばれるデータが基本となっていた。これに加えて、「公認データ」と呼ばれるものはチームや選手のプレーデータで、パス数、クロス数、ドリブル数、タックル数、セーブ数、ボール支配率やシュート部位などだ（Level3, 4）。それをさらに加工すると、空中戦勝率や特定エリア進入回数、得失点パターン、ボールゲイン／ロスト位置、時間帯別得失点などが示される（Level 5）。そこまではある意味手作業でのデータ収集とも言えた。

次のステップとしてJリーグはいわゆるトラッキングデータと呼ばれるデータ収集に踏み込んだのだ。取得できる主なデータは選手走行距離、選手加速度、チーム総走行距離、

図表3-3　Jリーグのスタッツデータ／トラッキングデータ

公式記録 → 公認データ

Level 1	Level 2	Level 3	Level 4
基礎データ	試合基本データ	プレーデータ／チーム	プレーデータ／選手
・メンバーリスト ・スコア ・警告／退場数	・シュート数 ・FK数 ・CK数 ・オフサイド ・得点者 ・選手交代	・パス数 ・クロス数 ・ドリブル数 ・タックル数 ・セーブ数 ・ボール支配率 ・アクチュアルプレイングタイム	・パス数 ・クロス数 ・ドリブル数 ・タックル数 ・セーブ数 ・プレー位置 ・パス方向 ・シュート部位 ・プレータイミング

データ提供：データスタジアム株式会社（2015年）

走行スピード、移動エリア、ボールの動き、審判の動きだ（Level 6）。さらに選手間の距離、平均ポジション、状況別走行距離、時間別走行距離、状況別ポジショニング、ピッチ全体の映像などに及ぶ（Level 7）。

面白い分析がある（図表3-4）。**Jリーグのショートパスの速度とレアル・マドリードのショートパスの速度を比較したものだ。**

Jリーグは秒速8・29メートル。レアルは秒速9・45メートルだ。レアルのほうが秒速1メートルも速い。ミドルパスもロングパスも同様だ。パススピードが速いとパスがカットされることも少なくなり、パスの成功率も変わってくる。パスの成功率はJリーグの

図表3-4　Jリーグとレアル・マドリードの比較

	パス成功率	シュート数	アクチュアルプレイングタイム	パススピード（ショート）	パススピード（ミドル）	パススピード（ロング）	ドリブル突破	ファウル数（自陣守備）
Jリーグ	77.5％	12.7本	56分38秒	8.29m/秒	11.37m/秒	13.70m/秒	13.3回	**2.27回**
レアル・マドリード	**82.8％**	**17.1本**	**58分40秒**	**9.45m/秒**	**12.22m/秒**	**14.45m/秒**	**20.7回**	1.50回

データ提供：データスタジアム株式会社
※Jリーグのデータは2016明治安田生命J1リーグ1stステージ全試合の平均
　レアル・マドリードのデータはUEFAチャンピオンズリーグ2016年準決勝・決勝のもの

77・5％に対してレアルは82・8％だ。そうするとフォワードまでボールが回るので、シュート数も変わってくる。Jリーグの12・7本に対して、レアルは1試合で17・1本のシュートを放つ。攻撃的なサッカーをするには、パススピードを上げることも必要なのだ。

　こうした理屈がデータから読み取れるようになってくる。データによるスカウティングやチームでの査定・強化、サッカー技術の向上、指導者のスキルアップに寄与できるようになったのだ。データは視聴者に対するサービスだけでなく、フットボールそのものの改革にも大きな影響を及ぼすようになった。同様のシステムが欧州リーグにはこの少し前から導入され始めたが、欧州に遅れることなくキャッチアップできた意味は大きい。

このように**天日干しは声高に自己を説明するだけでなく、説明の言語体系そのものの構造を変える**ことも時に必要なのだ。

天日干しあれこれ
②フィードバックを活用して干す

天日干しの定義のところで、「自然界の天日」が「降りそそぐ太陽」だとすれば、「経営における天日」は「降りそそぐ関係者の視線」と位置づけた。「降りそそぐ関係者の視線」もさまざまなパターンがある。

株主総会での質問もあれば、コールセンターへの問い合わせもある。ネットの書き込みや投書のほかチェアマン時代は記者会見での質問もあったし、サポーター席での横断幕や、サッカー協会前での座り込みというのもあった。

いずれも大切なメッセージなのだが、注意が必要なのは「声なき声」「サイレントマジョリティー」を見落としがちなことだ。雨や雪は降っていることを意識するが、太陽の光は降りそそいでいることをつい忘れてしまうように。

囁《ささや》くような小声での「降りそそぐ関係者の視線」をレーダーのように受信し続けている組織は強い。企業では上司に直接文句や要望は言いにくいものだ。最高権力者の社長やチェアマンなどになるとなおさらだ。

多くの場合、トップのレーダーにはトップに対する文句は受信されないので、トップは自分がいい経営者だと思い込む。構造的に裸の王様が生産され続ける仕組みなのだ。情報感度の鈍い私は、意図して天日レーダーをつくり続けてきたように思う。

レーダーのヒントは人間の体から得ていた。高校時代の担任だった高橋昇先生は剣道の達人で、真面目一徹の感じだったが、姿勢をピンと伸ばした先生の生物の授業が好きだった。

授業で「恒常性（ホメオスタシス）」を学んだことがなぜか印象に残っている。あまり聞き慣れない言葉だったが、人間の体の状態を一定に保つ作用のことだった。体温が上がると、汗をかいたりして気化熱で体温を下げるような作用だ。

血糖値や血圧なども一定に保つようにプログラムされている。自律神経や内分泌系、免疫系などの陰の役者がそうした役割を果たすのだ。戦闘モードになれば交感神経が働き、リラックスするときには副交感神経が働く。血糖値が上がれば、ホルモンのインシュリンが分泌されて下がっていくように。

その**恒常性を機能させるキーワードが「フィードバック」**だった。体の変化を伝えるフィードバックがあるから「恒常性」を維持する陰の役者が動き出す。天日レーダーには「フィードバック」が欠かせない。

実例1　クラブからのサーベイ

Jリーグのチェアマン時代には毎年1回「クラブサーベイ」というのを実施していた。Jリーグの全クラブの社長（実行委員）が、統括団体であるJリーグのパフォーマンスを評価する。

その質問項目は多岐にわたり、会議の仕切り、各部門のサービスレベルなど詳細にわたる。「チェアマンはリーダーシップを発揮してJリーグを統率しているか」というようなものもある。

回答は、個々の設問に対して5段階でクラブが評価する。その回答は、集計会社に提出されるので、誰がどのように回答したかは伏せられてJリーグにフィードバックされる。アンケート結果のデータは経年比較され、クラブに還元される。こうしてリーグは徹底的に天日にさらされるのだ。また自由記述も多くあるので、回答者が特定されるような表現は集計段階で伏せられて伝えることにしている。

その結果をもとにJリーグの組織は新たな目標設定を行ない、クラブと共有する。開かれた天日干し環境の中でクラブがリーグを育て、チェアマンを育てていく仕組みだ。

実例2　従業員からのフィードバック

前述のクラブサーベイと同様に、Jリーグの管理職である本部長・部長クラス約25名近くがチェアマンの執務態度や業務執行能力に関して無記名で回答するアンケートを実施していた。

リクルートが提供する360度評価システム「MOA（Multi-Observer-Assessment）」というツールを利用していた。**部下が上司を評価する**わけだ。その**スコアは社会の標準値と比較**される。

数値評価だけでなく、そこにはフリー記述の容赦ない改善要望のコメントも寄せられる。またそのアンケートは**理事会の監事宛てにダイレクトに提出される**。**企業でいえば取締役会の監査役が提出窓口**になるわけだ。同時にその内容は役員候補者選考委員会の委員長にも届けられる。一切私の手を介することはなく伝わるのだ。その内容を選考委員会が見ればチェアマンに欠けているものは一目瞭然だ。

また、コンプライアンス違反に当たる問題行為があれば一発で露見する。このようにして選考委員会に参加することのない従業員の声も委員会に届けられるわけだ。

子供が親を超えていくことは親の共通の願いである。進化論を引用するまでもなく、人類や組織が繁栄を続けるためには、環境に合わせて、時代を超えて自らを変えていくことが必要になるわけだ。必要があれば、過去を否定し、未来に向けてチャレンジしていかなければならない。もし、子供に今まで通りのやり方を強要しているだけでは、その子孫の未来は暗い。スポーツ界のリーダー選びも、先達を超えるためには、そのリーダーを否定することを恐れてはダメだ。村井チェアマンの足りないところは何か、忖度なく議論を尽くす仕組みが必要だと考え続けてきた。

実例3　GPTW

前述したリクルート時代の働きがいのある会社を調査するGreat Place To Work®（GPTW）も徹底したフィードバックを利用した天日干し系調査だ。

調査対象として指定した400人ぐらいの従業員宛てに、会社を経由することなく、会社の実情を調査するアンケートを実施する。当然、会社側の目に触れることがないので本

音が出てくる。そしてその結果は他者と客観的に比較されていく。

Great Place To Work®によれば、働きがいのある会社には、従業員とマネジメントとの間に高いレベルの「信頼」が存在するとしている。その「信頼」を築くには、「①従業員からリーダーへの信用」「②マネジメントから従業員への尊重」や「③公正な処遇」、そして「④仕事への誇り」と「⑤仲間同士の連帯感」が必要だという。主にこの5つのディメンジョンに関してアンケート調査を実施するのだ。

「固有の価値観」や「リーダーシップの有用性」などは、専門家を介して人事制度や福利厚生制度などを土台にしながらインタビューでも検証していく。米国で1位になると雑誌『FORTUNE』に、日本で1位になると雑誌『日経ビジネス』などの経済誌に発表するのだ。天日干し以外の何物でもない。なかなか**現状の自分の姿を直視するのは辛い**ものだ。しかし、その鏡を見ることから始めなければ美しくはならないのかもしれない。

私は本部のサンフランシスコに飛んだ。日本での事業活動のためのライセンスの供与をお願いに上がったのだ。今ではこのサービスはリクルートグループの協力で提供している。

フィードバックの極み「360度評価」のトリセツ

世にある「360度評価」を疑う

組織マネジメントの世界には、職場の構成員がお互いのことを評価する「360度評価ツール」が多く存在する。評価対象が個人であったり、組織だったりするが、無記名でその声を集計することで声なき声が反映される面もあり、活用されるケースも多い。

一方では無記名であるがゆえの無責任さや、事実と異なる印象評価も含まれるために「360度評価ツール」を嫌う人も多い。賛否が交錯する360度評価についてもう少し議論を深めてみたい。

トリセツ①「360度評価ツール」に部下の評価を委ねない

期間中の仕事の成果を評価する人事考課は、その目的に照らして運用する必要がある。その目的は企業によっても異なるものだが、私は「企業が従業員に期待をし、支援をし、その成果を誉め、課題を共有することで、個々人の成長を促していくもの」だと思っている。当然、人事考課は、組織や上司がしっかりと個々人と向き合うことで実現するわけだ。

そうした努力を組織や上司が棚上げして、自分の言葉で部下に接することなく、自分の目で部下を観察せずして、部下が周囲からどのような評価を受けているか、その評判ばかりを気にしているようでは上司失格だ。

上司である自分からみた部下の評価と、周囲から受けている部下の評価。その間のギャップを客観的に捉えるために活用するべきなのだ。部下と周囲の関係性や相互の理解・認知レベルを部下とともに改善したり、上司の立場としての自分の認識を改めたりしていくのだ。本来上司が担うマネジメントのレベルを高めていくために活用するならその意味はあると思うが、「360度評価ツール」に人事考課の仕事をさせるようでは、導入しないほうがいいはずだ。マネジメントレベルの低下を招くだけだからだ。

トリセツ②心理的安全性が確保できなければ導入しない

「誰だ。こんなコメントを書いたのは」と犯人探しが始まってしまうケースもあり、従業員側も360度評価を「本音が言えない」と警戒する企業もある。「誰が、どのように回答したのかを経営陣や人事は裏で見ている」といったような都市伝説のような話を聞いたこともある。

そのような経営側と従業員側の信頼関係が欠如しているような場合は、導入は時期尚早だろう。評価結果は、導入したところで忖度が溢れ、無難な評価ばかりが跋扈する。「360度評価ツールはやったところで、悪いスコアはつかないものだ」と言っているケースは、天に唾を吐いている可能性もある。

経営側が、その目的を「組織改善」や「個人の成長」に限定して導入することを約束し、そのデータの関与者やその扱いに関してしっかり説明をし、個々人の心理的安全性を保障することが導入の大前提だろう。

だからこそ360度評価はその活用の仕方が重要だ。回答から誹謗中傷を排除し、個人のプライバシーを侵害しない心理的安全性に配慮したプログラムを利用し、その結果は本人にフィードバックしながら自己成長のためだけに活用することが大切だ。

トリセツ③客観的事実と心理的事実を混同するなら導入しない

「無記名での評価やコメントはそもそも無責任であり信頼に値しない」という声は多い。「便所の落書きのようなものだ」という人もいた。

「経営者の仕事が何たるかを知らず、その覚悟も見識もない部下が経営を評価するなどありえない」という意見もある。360度からの回答ゆえの意見だろう。

また、「360度評価を気にするがあまり、部下にすり寄り、『人気者』になろうとして厳しい要望ができなくなるマネジメントが増えることを危惧する人もいる」という意見もある。それぞれもっともな意見でもある。

私は360度評価ツールについては割り切って考えている。個々の回答やコメントが正しいかどうか、真実であるかどうかは疑問の余地も多い。被評価者のことを回答者がよく知らないこともあるだろう。

どのように割り切っているかというと、私は、360度評価は「鏡」だと認識している。たしかに、個別に見ると映りが悪い部分もある鏡だが、全体として見た場合、「なるほど自分はこのように人に見えているのか」が意外とわかってくる。

職場の仲間は自分のことをよく知らないかもしれない。誤解しているかもしれない。しかし、そうしたこともすべて相手側にとっては「心理的事実」であると受け止めることが必要だ。事実ではないかもしれないが、相手がそのように思い込んでいることを「心理的事実」として認識することから自己改善は始まるのだ。「心理的事実」を受け入れられないならば導入は避けたほうがいいだろう。そのかわり、その組織はいつまでたっても「裸の王様」のままかもしれない。

誰でも知っている白雪姫の物語に「鏡よ、鏡、世界で一番美しいのはだあれ?」と継母が尋ねると、「世界で一番美しいのは森で小人たちと暮らしている白雪姫です」と答えるシーンがある。古今東西、人が人をどのように見ているのかを映す鏡があることは誰もが認識しているはずだ。であるならば、常にその鏡を磨いておくことが重要なのだと思う。

「誰もわかっていない」ではなく、「もう少し自分を表現して理解してもらおう」という姿勢だ。部下は自分の仕事を知らないかもしれない。「お前に俺のことがわかるか」「俺の真意を理解できるものか」ではなく「自分が大切にしている価値観を部下の仕事レベルにまで落とし込めていない」と受け止められるかどうかが大切だ。

当然、「事実とは異なる心理的事実」が含まれている可能性がある以上、期間評価の結果として報酬に反映させたりすることは避けるべきだろう。

トリセツ④他者比較よりも時系列比較に比重を置く

360度評価をすると、個人間や部門間のスコア比較に議論がいきがちだ。しかし、人の場合も組織の場合も、取り巻く顧客の状況や経済環境などによって、それぞれの前提が異なる可能性がある。要するに、その人や組織の力量を超えた要因が大きく評価に影響を与えることがあるのだ。なので、結果に関しては他者や他部門との比較は極力避け、「同一個人や組織がどのように変化したのか」「その要因は何か」に議論の軸足を置き、時間軸での成長の軌跡を重視するほうがいい。

これまで「傾聴」の重要性を何度も述べてきたが、この360度評価も「自分を知る傾聴の機会」と捉えることができる組織が導入すべきだと思う。そもそも、この世の中に正確な評価システムなど存在しない。少しでも正確な計量器に人間を乗せて測定しようと尽力するよりも、少しでも多くのヒントから自ら学ぼうという姿勢を育んでいくことが大切だ。

トリセツ⑤風土醸成に比重を置く

「相手に対して、耳障りなことでも正面切って誠意をもって直接伝えるべきなのが正道で、発言すべきことが言えない人による匿名施策は邪道だ」との意見もある。もっともである。

しかし、人間誰もが強くない。個人の識見に委ねて、あるべき姿を待っていても、いつまでも理想には近づけないこともある。

「経営陣は耳障りなことでもしっかり受け止める」という暗黙の信頼関係が築けてはじめて、風は通るようになる。

「風通し」とは目に見えないものだ。しっかり、風が流れれば組織は心地よいものに変わっていく。「風通し」は企業システムや仕組み、モデルによって担保できるものではない。長い年月で築かれた「企業文化」によるところが大きい。「文化」は長い年月にわたって個々人の「主観が集合したもの」と捉えている。従業員個々人の心の中にあるコンセンサスだ。そうした目に見えない信頼関係を築くには、トップ自らこうした「360度評価ツール」にさらされることをお勧めする。

以前、Googleのマネジメントの話を聞いたことがある。世界に16万人くらいいる職員が社員エンゲージメントサーベイという形でCEOに対して評価をするというのだ。「私は、CEOのビジョンに共感している」というような問いにネットで回答するのだそうだ。世界のトップ企業はまさに自ら天日干しの経営を実践している。経営者自身がこうした声に耳を傾ける「文化」をもつ組織の繁栄は確かなものになるだろう。

しかし、経営者と言えど、本音では実は内心「結果が怖い」ものだ。もっともらしい理屈をつけて導入に反対している上層部も多い。そういう意味では、こうした天日干し経営は経営者の覚悟に依存する部分は大きい。

しかし、少しでも社会に自らを開き、風が流れ始めた企業は内外からの信頼を高めていくことができるだろう。企業文化は真似されにくく、簡単には劣化しないものだからだ。

天日干しあれこれ　③発信して干す

「天日干し経営」というと誰もが発想するのはＩＲだったり、統合報告書だったり、会見だったりと広く社会に対してオープンに発信していくことを想像するだろう。企業によってはＳＮＳや自社のホームページなどを使って積極的に自身を開示する場合も多いと思う。いずれもそういう意味では、自己開示の手法である。

しかし、天日干しの場合、「降りそそぐ関係者の視線」に対して自らの信念を主張していくので、時に軋轢や反発、批判や批評を招くことも多い。そうした意味では**天日干しは多少の覚悟もともなうものであり、差しさわりのない形式を整えるだけの開示とは一線を画す**ものだろう。そうした対外発信が、作用・反作用をともなう天日干しのケースを見てみたい。

実例１　「チェアマン３つの約束」

Ｊリーグが、スポンサーやファン・サポーター、クラブ関係者から託されているのは、

個々のクラブの経営努力を超えたJリーグ全体の価値向上である。しかし、私が就任した当時のJリーグは開幕のときのように神様ジーコがいるわけではない。メッシと一緒に戦ったイニエスタが来る前の段階でもある。当然だが、Jリーグで会議を開いたからといって急に選手がうまくなるわけでもない。そうした中でJリーグにできることは何か。素人チェアマンには難しい問題だ。私の背中を押したのはJリーグの陰の立役者、当時、フットボール統括本部長だった窪田慎二とJリーグのクオリティと高めようと魂を込めて取り組んでいた黒田卓志の2人だ。私は、彼らの信念に押され、自分なりに腹落ちするまで自己問答を繰り返し、クラブや選手たちに本音を伝えることにした。

「笛が鳴るまで全力プレー」
「リスタートを早く」
「選手交代などの際の見苦しい時間の使い方は止める」

というものだ。ポスターをつくり、すべての試合会場、練習場、クラブハウスなどにそのメッセージを掲出してもらった。今からすぐにできるJリーグを魅力的にしていく施策だ。

しかし、幼稚園児に伝えるようなポスターに「だから素人チェアマンは困る」と嘲笑されたものだ。

ただ発信するだけでは天日干しとは言えない。窪田、黒田らの迫力はすさまじかった。Jリーグの試合でコーナーキックに要した時間をすべて計測し、その年2014年のブラジルワールドカップのコーナーキックと比較・開示されるとは誰も思わなかったはずだ。ブラジルワールドカップ中断前までのJリーグのコーナーキックに要した時間は平均で30・6秒。ワールドカップのデータは26・4秒。世界のサッカーは4秒も早く展開されていたのだ。

敵が戻るよりも早く、ゴールを狙う。そのスピード感は見ていて気持ちがいい。戦術的にも理にかなっている。**ワールドカップ終了後も毎月の会議でそのJリーグのデータは全クラブに開示され、改善を求めていった。**メッセージを発信すれば、反発や異論があるのは当然だ。しかし、発信するだけではなく、継続して改善プロセスも開示する。次第に月を追うごとに数字は見事に改善されていったのだ。

実例2　PUBリポート

2015年12月21日にJリーグの年間総括を目的としたPUBリポートを創刊した。その年のシーズンは12月6日のJ2-J3の入れ替え戦の大分トリニータ対FC町田ゼルビアの試合をもって終了したのだが、最終試合から2週間ほどでの発刊だ。その創刊号の巻頭言に私は次のように記している。

2015シーズンのJリーグはいかがでしたか。
本誌はいち早くみなさまと
今シーズンを振り返るためにつくった年間総括レポートです。
誰もが気軽に
参加して（Participate）
理解して（Understand）
ともにつくる（Build）
リーグを目指してPUB Reportと名づけました。
前半部分では「社会から見たJリーグ」をテーマに、

さまざまな角度から集めた客観的なデータや
ファン・サポーター、メディア、有識者等から得た率直な評価を掲載しました。
後半部分ではそれらの客観的なデータに基づき、
開幕時に発表した５つの重要戦略の進捗を振り返り
それらの変化の兆しをまとめました。

このレポートには、良かったことも悪かったことも包み隠さず書いています。
今シーズンのＪリーグはどうだったか、
みなさまの目でおたしかめください。
そして自由な議論にご活用ください。
このレポートにより、
Ｊリーグやこの国のスポーツに興味・関心を抱かれる方が
さらに増えることを願っています。

２０１５年12月21日

村井満

巻頭言からもわかるように、「客観的なデータ」や「率直な評価」をもとに、「良かったことも悪かったことも包み隠さず書いて」いるのだ。天日干しの思想そのものから生まれたのがこのPUBリポートだ。

この作成に携わった経営企画本部の黒田卓志や広報の江崎康子、そして編集に協力してくれたデロイトトーマツファイナンシャルアドバイザリー合同会社のスタッフは想像を絶する思いをしたことだろう。日付からもわかるように、シーズンが終わってから2週間で発刊しているのだが、実際に60ページに及ぶ長編の原稿を入稿したのはシーズン終了後1週間ほどだ。サッカーは終わってみないと何が起こっているかわからない。

予定稿で済むとは思えない。最終節が終わってから原稿を完成させてほしいとお願いした。その上で、天日干しをやる以上、あれこれ時間をかけて推敲したり、都合のいいように編集したりすることは避けてほしい。ありのままを即刻出してほしいとお願いしたのだ。無茶ぶりも甚だしい。

この年のJリーグはファンやサポーターの意見が割れるような賛否が渦巻く2ステージ制を導入した。その新たなシステムが良かったのか悪かったのか、課題は何なのかをみんなで考えようとしたのだ。

２０１６年夏に発刊したＰＵＢリポートは、さらに過激さを増している。Ｊリーグが世界のサッカーに比べて何がどれだけ遅れているのかを一冊丸ごと明らかにしたのだ。スタジアム、マーケティング、選手育成強化などに関して専門メディアの追随を許さないほど、容赦なく、徹底的に自ら課題を論じたのだ。

そのように賛否が渦巻き、正解のないものをさらし、みんなで議論していくことが本来の天日干しであり、発信することで自らを干していくのが基本姿勢だと思っている。

実例３　メディアへの向き合い方

チェアマンは選手や監督、コーチ、レフェリーといったフットボールのプロフェッショナルとの接点も多い。そんな中で印象深かったのは２０１６年9月の中村憲剛選手（当時）との対談だ。現在は引退している中村憲剛選手に公開メディアの中で私は叱られた。

話題はＤＡＺＮの契約直後ということもあり、交渉の経緯や資金の使途から始まり、Ｊリーグの方向性などあらゆる議論に及んだ。インタビューの後半に、憲剛選手のほうから「チェアマンにぜひ伝えたいことがある」と本題を切り出してきた。「誤解を恐れずに言うと、Ｊリーグの努力は甘いと思うんですよね」と。

川崎フロンターレの地域に対する貢献はJリーグの中でも群を抜いた取り組みだ。プロスポーツ不毛の地と呼ばれ、多くのプロスポーツが川崎から撤退を繰り返していた。そんな中で、フロンターレは懸命に地域に入り込み、地域貢献の努力を重ねてきている。憲剛選手はその問題に切り込んできたのだ。

対談で憲剛選手は地域貢献活動について、こうも言及してきた。「Jリーグは一応やってはいるものの、非常に形式的なことに終始しているように見えるんです。生意気ながら、本気で体を張ってホームタウン活動をしている僕らの側からすれば、Jリーグがもっとアイデアを出してくれればと思うんですよね」と。

地域密着はJリーグの創設の原点ともいえる中核思想である。彼はその取り組みが中途半端であると言ってきたのだ。これは私が選手から食らった直球のストレートパンチでもあった。

私はこの対談を契機に本格的な地域貢献のあり方を模索し始める。公認会計士の米田恵美を理事に招聘して、この活動を加速させた。米田は、単に公認会計士として会計分野を中心に企業経営を支援しているだけではなかった。幅広く社会課題に向き合い、フィールドワークを中心に実践的に活動するソーシャルワーカーでもあった。彼女は、Jリーグの社会貢献活動にとどまらず、中期の経営計画の策定や事業活動と財務、人事の連携や社会とのコミュニケーションなど、経営全般にわたってJリーグの構造改革を進めてくれた。そうした活動と並走して、Jリーグ25周年を機にJリーグの社会とのかかわりを再定義していく。

いわゆるJリーグが地域に貢献する「Jリーグ主語」の活動から、地域の人々がJリーグを使って社会課題を解決していく、「Jリーグを使おう！」という「シャレン！」活動にシフトしていくのだ。

これはいわば「地域コミュニティを主語に転換」することを意味している。Jリーグ25周年のイベントに憲剛選手を招待し、そのコンセプト発表を行なった。彼にはどれほど感謝してもし切れない。一連の活動からは、チェアマンであれ、リーグであれ選手個々に身をさらし、彼らからの要望を受け止めることの重要性を学んだ。

時にメディアには自身に都合のいいように露出することを願うものである。当然だが、ホームページやSNSも自己正当化の色彩が強くなる。

しかし、公開されたメディアの場で自分の課題や問題点を指摘されたり、開示したりすると、その課題に対する改善のエネルギーは伏せている場合に比べ比較にならないほどの高いレベルでチャージされていく。メディアにどのように向き合うか、天日干しの思想次第で大きく変わってしまうものなのだ。

中村憲剛論　クランボルツ博士の「計画された偶発性理論」

余談だが、南アフリカワールドカップ日本代表として活躍し、JリーグMVPを獲得するまで駆け上がり、引退後も広範囲のフィールドで活躍を続ける中村憲剛は人材論の立場からも興味深い存在だ。

身体的に恵まれているわけではなく、サッカー選手としては細身で身長もさほど高くない。高校も都立久留米高校で、全国高校選手権に出場するようなサッカーの名門高校でもなかった。入学した中央大学も、当初は関東大学リーグの1部だったが、3年生のときに降格し、4年生は関東大学リーグの2部だった。

当然、Jリーグクラブからの注目度も高くない。入団した川崎フロンターレもJ2であり、スタジアムには閑古鳥が鳴くような状況で、陽の当たる場を歩んだ選手とは言い難く、サッカーエリートとはほど遠い地味な存在だった。

そんな彼が、なぜJリーグの頂点を極めることができたのか。人材畑を歩んだ私にはとても興味深かった。私は彼と5つの観点で意見交換をしたことがあった。

●サッカーが好きで、好きでたまらず、サッカーに強い「好奇心」を常にもっていた？
●そうした好奇心は今でも「持続」している？
●いつかはうまくなるくらいに「楽観的」に考えていた？
●この学校でなければ、このクラブでなければなどと決めつけず「柔軟」に考えていた？
●少し勇気を出して「冒険心」をもって行動したりしていた？

私の質問は、心理学者のクランボルツ博士の「計画された偶発性理論（Planned Happenstance Theory）」に基づくものだった。自分が願う理想のキャリアは、ある意味願えば叶うようなシンプルなものではなく、人生の岐路は、予期しない偶然の出来事で決まっていくというものだ。

しかし、理想とするキャリアの方向に導く、その予期しない偶然の出来事を自ら引き寄せる5つの要因があるという。「好奇心」「持続性」「楽観性」「柔軟性」「冒険心」の5つだ。

中村憲剛の場合、いずれもYESだった。しかもずぬけたYESだった。「好奇心」は半端なく、サッカーに関するいいプレーのビデオは子供のころから擦り切れるほど見ていたという。

そうした関心は今も「持続」し続け、代表選手になろうが、MVPを取ろうが、常に持ち続けた。今ではS級の指導者ライセンス取得を目指し、理想的なサッカーとは何か、あるべき指導者像は何かを追い求め続けている。

前十字じん帯を損傷するような大ケガを負ったときも、絶望的な心理状態にありながら、そうしたときの選手の心理を知ることは将来の財産になるかもしれないと「楽観的」に考えていた。当然、目の前の環境をポジティブに受け入れる姿勢は「柔軟」そのものである。

川崎という街に心底溶け込み、地域に貢献し、どんな商店街のイベントにも柔軟にチャレンジした。東日本大震災以降は毎年、陸前高田にも向かった。そして必要とあらば、相手がチェアマンだろうが、誰かれなく「冒険心」をもって対峙する。

彼にとって、サッカー選手になるというのは理想のキャリアだったはずだが、おそらく、常識的に考えたら、「プロの選手は無理だろう」と本人も含めて、誰もが考えたはずだ。しかし彼は、5つの要素を持ち続け、多くの予期せぬ偶然を重ねたのだ。

その5つの要素にさらに共通するのは彼自身が常に、自分の未来に関して、前向きでありながら、強い心をもちオープンであり続けたことだ。その覚悟を併せ持つオープンな姿勢に天日干しの思想をどうしても重ねてしまう。

ここまで「天日干し経営の定義」や「どのようなときに天日干しをするのが有効か」「どのように天日に干すのか」を具体的に述べてきた。次にはそうしたものを統合した事例をひとつ紹介したい。コロナ禍におけるJリーグの姿勢そのものが天日干しの集大成とも思えるからだ。

第4章

「天日干し経営」を徹底したJリーグのコロナ対策

過去最高

私は映画館が大好きだ。家で観るネット配信の場合、映画の途中で寝落ちしてしまうことが多いが、映画館の場合はそんなことはない。ポップコーンの香りと暗闇の異空間は、日常の生活をいったんオフにする切り替えスイッチのようだ。中でも、Jリーグのシーズンオフに開催される映画祭を毎年楽しみにしていた。

「ヨコハマ・フットボール映画祭」といって福島成人氏が代表をつとめる珠玉の映画祭だ。世界中からサッカーにまつわる映画を集めて開催されるのだが、自主制作映画もあれば、本格的なロードショー版もある。

毎回上映後には作品にふさわしいゲストが招かれトークセッションが開かれる。館内には好みのチームのレプリカユニフォームを着て来場する人も多く、サッカー愛にあふれる特別な空間だ。2日間にわたって開かれる映画祭で、私は、7本くらい連続鑑賞する。まさに至福のひとときだ。

Jリーグの2019シーズンを終えたばかりの2020年1月25日の「ヨコハマ・フットボール映画祭」では、伝説のアーセナルを題材とした映画、『89』が上映された。

会場となった横浜市開港記念館は横浜開港50周年を記念して大正時代に竣工された建物だが、建設後すでに100年以上が経過しているレンガ造りの歴史的建造物だ。一瞬にして映画の中にタイムスリップしてしまう。映画はイングリッシュフットボールリーグのディビジョン1の最終節が題材だ。88-89年シーズンは最終節までリバプールが首位を堅持。2位のアーセナルとは勝ち点で3の差がある。アーセナルが逆転優勝するには敵地アンフィールド・スタジアムで2点差以上の勝利が絶対条件だ。そのロスタイムに奇跡が起こる。サッカーに興味のない人をも引き込んでしまう、とても丁寧につくられたスポーツドキュメンタリーだ。プレミアリーグに再編される以前のイングランドのフットボールと街の人々のかかわりも興味深い。スポーツが文化として地域に溶け込んでいるのがよくわかる。

私はこの映画を少し別の観点からも観ていた。ひと月ほど前に終えた、2019シーズンの明治安田生命J1リーグの優勝争いも、映画と同じように、最終節の直接対決までもつれこんだのだ。首位を堅持していたのは、ホームの横浜F・マリノス。対戦相手のFC東京は勝ち点3差の2位。これも映画『89』とまったく同じ状況だった。得失点差は横浜

F・マリノスが7上回っていたので、FC東京が敵地で逆転優勝するには4点差以上で勝利する必要があった。その決戦が、12月7日に、まさに映画祭の舞台である横浜の日産スタジアムで行なわれていたのだ。映画のように逆転優勝とまでは至らなかったが、私の体の中で、まだスタジアムでの余韻が残っている間に『89』を見たものだから、その興奮も尋常ではなかった。

イングランドに比べれば日本のサッカー文化の成熟度はまだまだだ。しかし、その最終節が行なわれた日産スタジアムに訪れた**観戦者数は6万3854人でJリーグ史上最多記録を樹立**した。

この年の**J1の平均入場者数は、Jリーグ史上最多を記録した。24年もかかって1995年の平均入場者数を超えたのだ。J1からJ3まで含めた年間入場者数も1140万人を超え、悲願のイレブンミリオン（1100万人）達成だった**（図表4−1）。**あわせて、クラブの収入の合計1324・8億円も過去最高を記録した**のだ。リーグ・クラブの合計収益はもちろん過去最高となった（図表4−2）。

こうした記録は全クラブの懸命な努力によってもたらされたものだ。選手やクラブ関係者が、魅力あるサッカーを志向し、ファンやサポーターが増え、結果として財務面も向上

図表4-1　就任前後での入場者数の推移

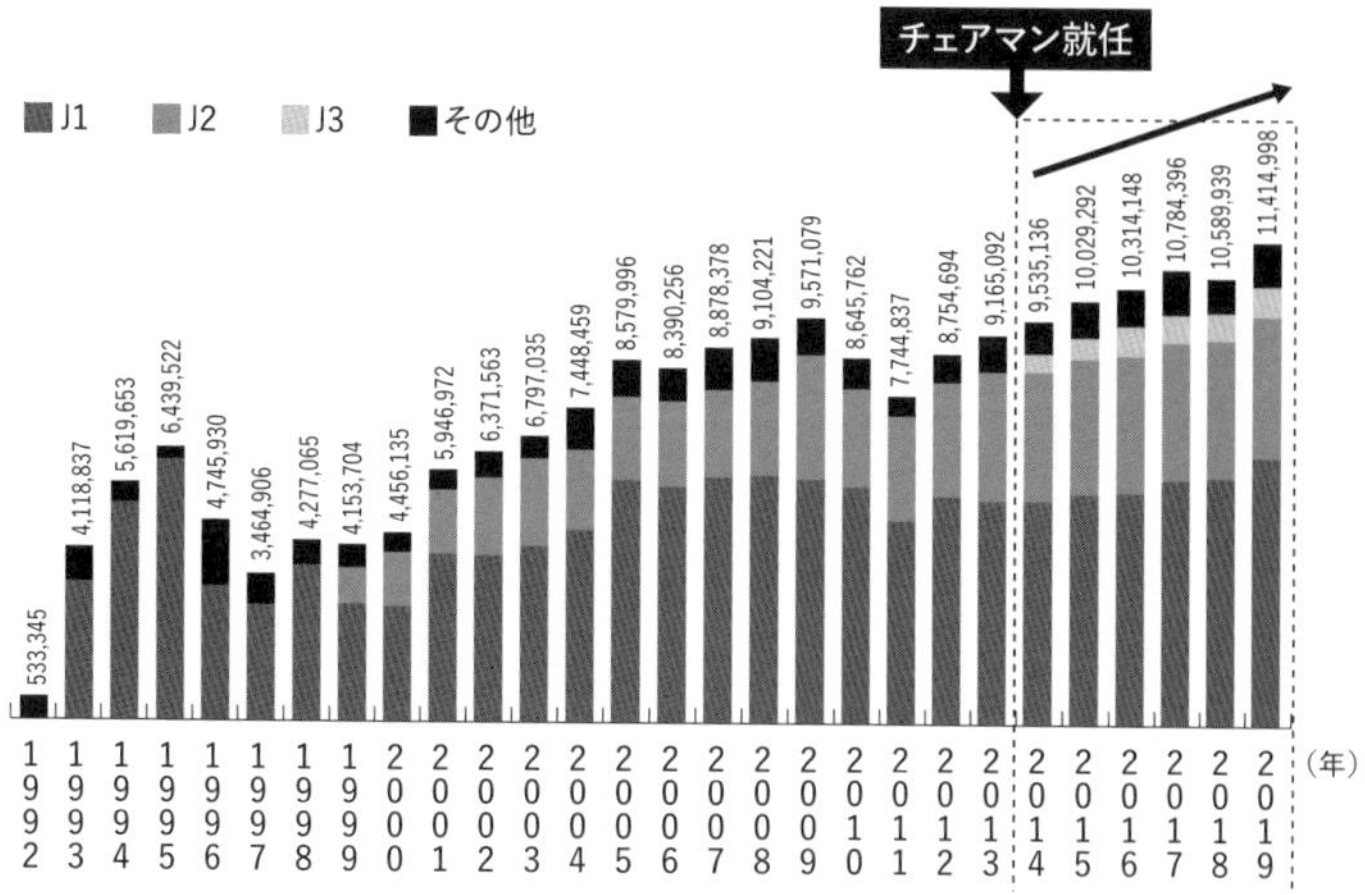

出所：Jリーグオフィシャル HP 経営情報「大会入場者数」より作成

図表4-2　クラブ収入とリーグ経常収入の合計も過去最高に

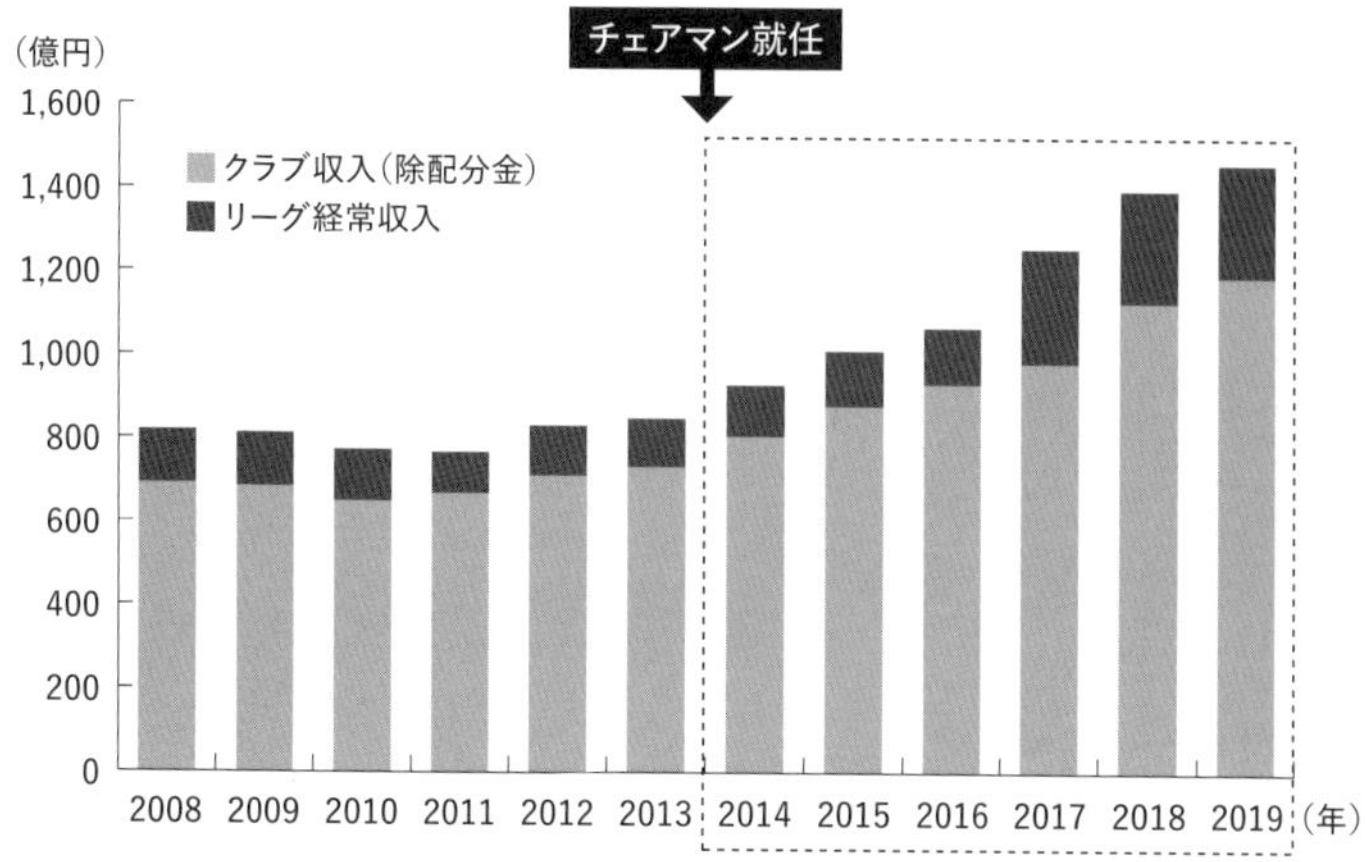

出所：Jリーグオフィシャル HP 経営情報「クラブ経営情報開示資料」「Jリーグ経営情報」より集計

した。リーグ関係者の支援も含め全員の努力の産物なのだ。私がチェアマンに就任した当初、財政的な危機感から「審判を派遣するコストもないかもしれない」と言われたことが遠い昔のようだ。少しの達成感と、大きな感謝の気持ちと、いつの日か日本でもサッカー文化を素材にしたスポーツドキュメンタリーができたらと願う、ささやかな夢をもちながら横浜市開港記念館に座っていた。

最高のシーズンと感動の映画祭。しかし、そうした至福の時間は長く続かなかった。

奈落の底に落ちる

2019年の終盤。チェアマンの任期も3期6年を終えようとしていた。これまでの2期4年という慣例を考えれば想像もしなかった延長任期であった。DAZNとの契約などといった大きな転機もあり、変則的に延長があったものの自分としても一区切りという感じであった。一定の財務体質の安定化や入場者数の確保にもめどがついたという感覚もあった。

私は一切出席することはなかったが、役員候補者選考委員会で2020年3月以降の次期チェアマンの選考が進んでいるという認識もあり、私は2020年4月には家内とのハワイ旅行を申し込んでいた。

しかし、意外なことに選考委員会からは4期目の打診を受けることになってしまった。正直、驚きと戸惑いがあった。すでに、Jリーグ全体に胎動するエネルギーは自分の力量の限界を超えている感覚もあった。加えてハワイを楽しみにしている家内の理解を得ることができるかどうか。しかし、さまざま考える中で4期目に向かうことを覚悟した。

なぜなら、財務基盤の安定化やデジタル改革、組織改革などに奔走している中で、一番重要なフットボールの改革が道半ばであったからだ。具体的には育成改革や選手契約の改革を通じて移籍市場でのJリーグの価値を高めていくというものだ。また、日本サッカーの水準向上に向けた課題も多かった。

2020年1月30日に開かれた会見で述べた4期目の抱負は「フットボール改革」だった。しかし、2020年の4期目は、未曾有の試練となる「新型コロナウイルス」と対峙することになってしまう。それはまさに天国から地獄、奈落の底を見る思いだった。

２０２０年１月22日 国内感染者１名から始まるコロナ禍の格闘

「次はフットボール改革」と述べた１月30日の就任会見では別の意味で一抹の不安を感じていた。会見の約１週間前の１月22日。Jリーグではクラブの社長を集めた実行委員会が開かれていた。その場で、私はクラブの社長に「それぞれのクラブに新型肺炎に関する情報窓口を設けてほしい」と依頼している。『朝日新聞』が２０２０年１月16日から開示している新型コロナウイルスの感染状況によれば、１月22日は累計国内感染者がまだ１名のときだ。

日本で新型コロナウイルスに関する報道がヒートアップしていくのは乗客・乗員が新型コロナウイルスに集団感染したクルーズ船「ダイヤモンド・プリンセス」が横浜市の大黒埠頭に着岸した２月６日前後からだ。また中国の春節（旧正月）のタイミングに合わせ、２月第１週の北海道のさっぽろ雪まつりには中国から多くの旅行者が訪れた。その影響か、北海道は唯一感染拡大が報じられたが、それも２月以降のことだ。

そもそも**天日干しの経営観では、少しのリスクでも多くの関係者で情報は共有する。**有事が想定される場合、Jリーグが情報を集約して、クラブと共有していくことは伝えていた。常日頃から従業員や関係者にはリスク情報共有の必要性を伝えてはいたが、この段階では、まだ危機感はそう高くはなかった。

2020年1月27日
国内感染者4名で入るスイッチ

実行委員会で全クラブに新型肺炎に関する情報窓口を設置してから5日後の1月27日。まだ報道が激化する2月にはなっていないし、国内の感染者は累計4名。まだ平穏だったのを覚えている。

しかし私は、Jリーグの幹部宛てに以下のようなコロナ対策を求めるメール（図表4－3）を出している。4期目の就任会見の3日前のことである。

まだ日本全土が新型コロナウイルスと格闘する前夜とも言えるこのタイミングでJリー

図表4-3　Jリーグ幹部に宛てたコロナ対策を求めるメール

---------- Forwarded message ---------
From: Mitsuru Murai
Date: 2020年1月27日(月) 17:42
Subject: コロナウイルス
明日の上海でのプレーオフは無観客試合となるようです。今日の衆院予算委員会で政府は「指定感染症」に認定しています。水際での対応は現実難しい状況もあり、Jリーグとしてのリスクシナリオを策定する必要があるように思います。スポーツ界で最も早く、警戒レベルを高める責任がJにはあるように思います。

・Jリーグ全体を中断、中止する時はどの状況レベルか。
・個別試合を中止したり、無観客試合にするときはどのレベルか。ジャッジ基準は何か。
・直近のACL(特に中国戦)においてJリーグとして留意するポイントは何か。
・ファンサポーターへの啓発はどのように行うか。
・クラブ、JFA、AFCとの連携は誰がどのように行うか。
・富士ゼロックススーパーカップへの備えは万全か。(すべてのゲートにアルコール消毒配備、サポーターへ全員マスクを無料配布など)
・すべてのシナリオにおけるリーガル面、ビジネス面での検討(パートナー保護、チケット払い戻し、クラブ経営への影響、得べかりし利益など)

いろいろとありますが、チェアマン直轄での本件全体像の調査を依頼しました。まず明日役員会で体制面含め話をしましょう。本部長間でも相談を始めていただけると助かります。

ムライ

グはなぜ始動したのか、と尋ねられることがある。私自身は、「緊張するほうを選ぶ」「傾聴」「天日干し」などの行動原則にヒントがあるように思う。

武漢に端を発する新型コロナウイルスに関して私も当初は他人事であった。しかし、「緊張するほうを選ぶ」という行動原則を昔から重ねてきたこともあり、少しでも胸騒ぎや不安を感じるとそちらのほうを向いてしまう習性がある。

私はチェアマンに就任するまで香港にベースを置き、中国や東南アジアを転々としていたので香港の友人にＬＩＮＥを送っている。本当に気楽なメッセージだ。

「武漢でウイルスの感染があるようだね」「香港はどう？」というようなやり取りだ。しかし返答は結構シリアスなものだった。香港は２００３年ごろ、多くの死者を出した重症急性呼吸器症候群（ＳＡＲＳ）の苦い経験がある。それは私が香港にいるときも仲間から聞いていた。いわゆる旧型コロナウイルスである。国家の存亡と言ってもいいくらいの危機感だったという。

１月27日のタイミングまでにすでに香港政府の行政長官は防疫対策を呼びかけていて、国民も危機感を抱いているという。私は、「そうなんだ」という程度の返答である。

再び胸騒ぎがするほうに体を向け続けていく。次に「**傾聴**」だ。上海の友人に聞いてみた。そうしたら「上海でのＡＦＣチャンピオンズリーグのプレーオフは無観客で行なう」のだという。国際大会の窓口である日本サッカー協会でもそうした情報を得ていない状況だった。「え、問題は武漢だけじゃないの？　上海も大変なの？」というのが私の返答だ。中国はもう厳戒態勢だという。だんだん不安が増してくる。

「早く×速く」「スピードは本気度の代替変数」

その日の新聞を開いてみる。小さなベタ記事で「政府は指定感染症に認定した」と出ている。インターネットで「指定感染症」を調べてみると香港や上海に近いリスク対応も想定される内容だ。表立ってあまり報道されていないが日本でも厚生労働省を中心にリスクマネジメント体制を最高レベルに高めていることがうかがえる。

そんな中で幹部宛てに書いたのが先のメールだ。杞憂に終わればそれでいい。しかし、トップの懸念は即座に関係者に伝えるのが天日干しの鉄則だ。

また、天日干しはスピードをともなうのが常である。銭形平次の「親分てーへんだ」もそうだが、私は常日頃、

「早く×速く」

と言っている。「**スピードは本気度の代替変数**」とも言っていた。社長から呼び出されたらすっ飛んでいくし、大切な恋人からのメールは真っ先に返信するものだ。誰しも大切なことにはスピード感がともなっているものだ。私も常に自分の中のスピードメーターを意識し、自分が何に本気なのか観察している。私はこの新型コロナウイルスには本気でスピードを上げようと自分に指示していたのである。

2020年2月23日 予言する幹部宛て私信

Jリーグは早いタイミングで準備を整えたために、2月21日から3日間の第1節前に手指消毒液、体温測定のサーモメーター、クラブ関係者向けのマスクを整えていた。そのため無事に明治安田生命Jリーグの開幕節を迎えることができた。しかし、自分の中では、開幕に向けて不安は募っていた。次々と入る海外の情報や政府の指定感染症への対応が去来する。

第1節の初日の2月21日は平塚で行なわれる湘南ベルマーレ対浦和レッズ戦に向かう。会場では待機列のファン・サポーターにスタッフが消毒液をもって回る姿が見られた。印象としてはしっかりと対応ができていた。医務室に運ばれた方もいなかった。

2日目は柏レイソル対北海道コンサドーレ札幌戦。試合終了後、北海道コンサドーレ札幌の野々村芳和社長（のちのJリーグ第6代チェアマン）に呼ばれ、スタジアム外の駐車場で話をする。札幌は感染拡大局面にあり、試合の継続には慎重なコメントがあった。北海道と他のエリアでは大きく認識が違う状況であった。

第1節の3日目となる2月23日。私は日産スタジアムにいた。14時キックオフの横浜F・マリノス対ガンバ大阪の試合観戦だ。私はスタジアムの諸室を借りて、13時13分に幹部宛てにメールを送信している。週明けに予定されている理事会で次のポイントを表明したいと箇条書きで示していた（原文のまま示す）。

●スポーツには国民に活力を与える大きな力があり、重要な社会のインフラである（不要不急な暇つぶしではなく、交通手段や教育に匹敵するくらい大切なもの）と信じているし、Jリーグには豊かなスポーツ文化を振興していく責任がある。
●そういう意味では観戦環境に万全の配慮をした上で、試合を行うことを決め、第1節を迎えた。
●第1節を総括してみると、多くのお客様の協力を得て、、（ここは総括次第）、、のような配慮をしながら備えを強化していく。
●上記基本方針は変わらないが、ひとつJリーグとしてはオリンピック・パラリンピックに向けて決めてきた指針の再検討が必要ではないかと考えている。
●その指針とは、自国開催のオリンピック・パラリンピックを成功させるために、J

リーグは全カテゴリーの試合を五輪期間中、中断すると決めたこと。

●オリンピック開催期間中の交通問題の緩和やJリーグあげて大会に集中、協力することが決定背景だった。

●しかし、現在の新型肺炎の状況を視野に入れると、五輪期間中にはむしろJリーグを開催して、その試合数分、感染初期段階の直近の試合を移行したほうが、国や五輪の成功に協力できるとの考えもあり得る。

●移行は数試合に限られるが、その後の試合は前述のように万全の備えで試合を再開するつもりだ。

●その間にワクチンやマスク、アルコール消毒などの普及を願うものである。

※「ウイルスが蔓延し始めたから中断」だけでは再開のシナリオが描けません。今気をつけなければならないのは、大義なき風評追随や自己中心的思考、右往左往だと思います。「我々の判断で空けた五輪期間中に試合を移行する」という考えは、「どうしたら一番五輪に協力できるのか」に一貫して基づくものであり、我々の描く「利他」シナリオの修正ですから大義名分があるように思います。

発券済みのチケットの扱いや、プロモーションの進捗、スタジアムの確保などクラブには課題山積だとは思いますが、フラットに検討してみようと思います。
まだ決断していませんが、十分クラブの意向を確認し、最後はトップの決断マターだと思っています。

実は、第1節を行ないながら私の頭の中では、「中断」の可能性も去来している。そうした「生煮え」のトップの思いを幹部に共有することもとても大切な天日干しの習慣だ。

2020年2月24日夜
「瀬戸際」会見

翌日の24日に、全クラブの社長を集めて第1節の反省会を開いたのだが、どのクラブも大きな問題の報告もなく、第2節に向かうことを全会一致で確認し合った。一方で前日に私が幹部に宛てた、前述のメールの趣旨も共有し、第2節以降の一部を中断し、その試合をオリンピック期間中に移す可能性も示唆した。これは翌日25日の理事会での議論とした。

しかし、その日の夜のことだ。24日の晩に政府の専門家会議が「これから1〜2週間が、急速な拡大に進むか、収束できるかの瀬戸際となる」という言葉を使って発表したのだ。一方で同時に発せられた首相コメントには大規模イベントの自粛要請はなかった。しかし、その「瀬戸際」という言葉がどうしても頭から離れない。「瀬戸際」という言葉はなかなか平時では使わない表現だからだ。

「村井家の夫婦関係は瀬戸際だ」。これはほぼ最終段階での会話である。

「降格するか、残留するか、瀬戸際だ」。これもクラブ関係者にとっては痺れる状況だ。

「合格するのか、もう1年浪人するか瀬戸際だ」。受験生は夜も眠れない。私もその夜はずっと眠らず「瀬戸際」の意味を考えた。

その日の日中に第2節以降に進むことを全会一致で決めたばかりなのに、舌の根も乾かない翌25日の朝、理事会前の事前ミーティングで、Jリーグ内の幹部と専門家の「瀬戸際」をどのように解釈するか、本当に第2節以降に進んでいいかどうかをもう一度議論することにして床に就いたのだ。

２０２０年2月25日
大規模イベント団体初の中止を決断

翌朝9時30分に幹部を集めて「瀬戸際」会議を始めた。Jリーグの幹部の感覚も研ぎ澄まされている。

「村井さん、今日の午後には次のルヴァンカップの試合に向けてクラブは移動し始めます。決断するなら今日の午前中です。午後の理事会を待ってからでは遅いです」と言うのだ。もう時刻は午前10時近くになっている。午後2時からの理事会で遅いのならば、少なくともその前にもう一度、クラブに緊急招集をかける必要がある。だが、50人を超える全クラブの社長を昨日に続きこのタイミングで再度招集できるのか私は躊躇した。

そんな中、経営企画部門で会議事務局を担当する青影宜典らを中心に従業員が私の背中を押した。私たちは意思を固め、30分ほどでクラブの社長をビデオ会議に集めることにし、11時には実際にクラブの社長と議論を始めていた。

動き出した列車を止めるような作業である。他の大規模イベントの先行事例があるわけでもない。政府や行政からの要請があるわけでもない。Jリーグ独自の検討である。クラブの社長も「瀬戸際」に思いを馳せて、議論が進んでいく。Jリーグ幹部に宛てた日産スタジアムからのメールの趣旨もクラブに説明した。丁寧にクラブの意見を聞いていると試合開催に慎重論が出始めた。またJリーグが日本社会に範を示すべきだという意見もあった。

最終的に、この日Jリーグはスポーツ界ではじめてコロナを理由に開催延期を意思決定することになる。午前中に大きな山場を越えた。午後の理事会では経過を報告し了解を得ることとなった。

このように**前例もなく、指示もない中で自らの意思決定をしていく際に唯一頼りになるのは、自分たちが社会を先導していくという覚悟**だ。その覚悟の前提には自らを社会の公器と位置づける自覚が必要だ。その公器の自覚こそ天日干しの行動原則にほかならない。私物でない以上、そのすべては開示されるべきだからだ。

ファーストペンギン

ペンギンは集団で生活する動物だ。氷上での生活は安全だが、海中には危険な敵も多い。ペンギンの群れの中でリスクを冒し単身海中に飛び込み、**仲間の安全性を確認するペンギンを「ファーストペンギン」と呼ぶ**。私たちは、スポーツ界のファーストペンギンであろうと考えた。その行動は群れ全体の利益を考えての行動で、その結果は全体に共有される。天日ペンギンと呼んでもいいかもしれない。

Jリーグの開催延期の決断は社会に大きな反響を呼んだ。当然異論や反論も多かった。特にイベントを控えていた文化、芸術、エンターテインメント関係者には大変な混乱を与えてしまった可能性がある。一方でその迅速な判断を歓迎する声もあった。翌日26日に政府は「大規模イベントの自粛要請」を出すことになった。Jリーグの判断がひとつの観測気球となった可能性もある。またさらに翌々日の27日には全国の公立学校だけでなく、私立も含む小・中・高・特別支援学校等に一斉臨時休業の要請が発出されることになる。社会は一気に感染対策に動き出した。

戦う相手を定義する

経営をする上では、経営施策を検討する前に経営思想が必要だ。施策を選択する基軸となるものだからだ。Jリーグには「Jリーグの理念」があるようにすべての意思決定の前にはよって立つ思想がある。今回の新型コロナウイルスに立ち向かう際にも自問自答を何度も重ねた。**戦う相手の本質を定義しないと戦い方のヒントも出てこない。**新型コロナウイルスの定義に関しては、感染症学の専門家にはその立場での定義もあるはずだし、疫学の専門家にもそれぞれの定義はあるだろう。スポーツ団体を統括する私の立場から考える新型コロナウイルスの本質は何か。

私はそれを「分断」と置いた。

国と国を分断し、県境と県境を分断する。社員とオフィスを分断し、リーグとクラブ、クラブと選手を分断する。そしてファン・サポーター同士を分断していく、というものだ。

相手の本質が「分断」となれば、闘いの方法は「結束」である。

必要があれば、リーグとクラブは会議を頻繁に行なう。リーグ戦第2節に向かうと意思決定した翌日に再度会議を開き、中断を決めるのだ。そうした**朝令暮改とも言える施策決定の変遷の前には、結束して連携するという思想が不可欠なのだ**。思想が共有されない中で、連日呼び出されたらたまったものではない。クラブの社長にも予定があるはずだ。結果も二転三転することはあるが、思いつきで議論が漂流していては混乱を増すばかりだ。Jリーグとクラブが結束して追求していく「Jリーグの理念」実現に向けた振幅が収斂していくプロセスであれば朝令暮改も問題ない。結束はサッカー界だけのものではない。Jリーグはプロ野球のNPB（日本野球機構）とも結束することになるのだ。

なぜ、JリーグとNPBは連携できたのか

2月25日の開催延期決定の趣旨は、即座にNPBや日本バスケットボール協会、日本相撲協会などに当日伝えた。その影響はサッカー界にとどまらないはずだからだ。

一方で、このコロナ対応とは別件で2日後の27日には『読売新聞』の社長であり読売ジャイアンツの球団オーナーである山口寿一氏を訪ねるアポイントメントがずいぶん前から入っていた。前年の２０１９シーズンの終盤、山口氏が長崎のプロサッカークラブ「Ｖ・ファーレン長崎」の髙田明社長を訪ね、「地域に根ざすスポーツクラブの姿を視察したい」との要請を受けていたのだ。

私は髙田氏と山口氏をつないだのだが、その巨人軍側の真意をはかりかねていた。読売ジャイアンツといえば、「東京読売巨人軍」と呼ばれていた。東京に限らず全国区の球団で日本中に応援団がいる名門だ。なぜに長崎なのだろうと。

山口氏の訪問を終えた髙田氏から聞いてその意図は氷解した。読売ジャイアンツはこれまでの名声に胡坐《あぐら》をかかず、本当のファンサービスや地域貢献をトップ自ら真剣に学んでいたことを知ったのだ。私は自分を恥じた。シーズンが終わり、少し余裕のある翌年のタイミングに山口氏を表敬訪問して感謝の意を伝えようと考えた。そのアポイントメントが、なんとJリーグの公式試合中断決定の2日後の27日にあらかじめ入っていたのだ。

その日、読売新聞本社で山口氏から、「コロナ対策を一緒にやりませんか」との提案を受けた。山口氏は新型コロナウイルスに対して、感染症学的にも、疫学的にも実に深い知識をもっていらっしゃった。私は、「やりましょう」と即答した。これにより「NPB・Jリーグ新型コロナウイルス対策連絡会議」が発足したのだ。

最高のチーム編成

山口氏と会談をしてから3日後の、3月2日に斉藤惇NPBコミッショナー（当時）と私は都内のホテルで会見に臨んでいた。プロ野球とJリーグの共同戦線の発表に多くのメディアが訪れた。その翌日の3日には第1回の連絡会議を開催する。このスピード感がたまらなく心地よかった。

連絡会議の専門家チームのメンバーは日本でも最高レベルの感染症のエキスパートたちが顔を揃えた（敬称略）。

専門家チーム
座長　賀来満夫（東北大学名誉教授・客員教授、東北医科薬科大学医学部感染症学教室特任教授、東京都参与）

三鴨廣繁（愛知医科大学医学部臨床感染症学講座主任教授）
舘田一博（東邦大学医学部医学科教授、日本政府新型コロナウイルス感染症対策分科会）
※２０２２年10月31日時点

とてもＪリーグ単独で招聘できる布陣ではない。

また、Ｊリーグのクラブは２０２０年時点で全国40都道府県に分布している。新型コロナウイルスの感染拡大は地域により、また時期により大きく変動する。全国レベルで機動的にきめ細かく対応するためには、地域単位で専門家の助言をいただく必要があった。

Ｊリーグでは３名の専門家チームに加え、地域アドバイザー制を導入。６名が着任した。

地域アドバイザー
北海道　髙橋聡（札幌医科大学医学部感染制御・臨床検査医学講座教授）
東北　遠藤史郎（東北医科薬科大学病院感染制御部部長）
関東　國島広之（聖マリアンナ医科大学感染症学講座主任教授）
関西　掛屋弘（大阪公立大学大学院医学研究科臨床医科学専攻教授、医学部医学科教授）

中国・四国　大毛宏喜（広島大学病院感染症科教授）
九州　泉川公一（長崎大学副学長）

※2022年10月31日時点

また、感染対策は感染症の病理学的な解析だけでなく、ゲノム解析やクラスター分析などの疫学的なアプローチを試みる必要から、3名の科学アドバイザーも招聘した。

科学アドバイザー
井元清哉（東京大学医科学研究所ヒトゲノム解析センター センター長／教授）
村上道夫（大阪大学感染症総合教育研究拠点（CiDER）特任教授）
加來浩器（防衛医科大学校防衛医学研究センター教授）

※2022年10月31日時点

そして研究機関として、国立研究開発法人産業技術総合研究所の皆さんに実証調査に尽力いただいた。同研究所所属で新型コロナウイルス感染リスク計測評価研究ラボのラボ長でもある保高徹生氏には、専門家チームメンバーとともに会見に同席し、調査結果の解説にも力添えいただいた。

　私はその連絡会議を始めるに当たり、NPB側にひとつの提案をした。「この連絡会議はNPBとJリーグで進めるが、そこで得られた知見は希望するすべてのスポーツ関係者に開示しよう」というものだ。NPB側は天日干しの考えを快く受け入れてくれた。

　連絡会議は2週間に一度、私の在任任期中は50回を超える会議を開催し、さまざまな角度から新型コロナウイルスとスポーツ、大規模イベントに関して議論を行なった。クラブ・球団からは豊富な臨床データが提供され、専門家チームからは予防や治療の知見や、選手のみならず家族や観戦者に対する助言も行なわれた。時に議論は移動時のチームバスの乗り方からゲノム解析にまで多岐にわたった。

　会議後には必ず会見を行ない、その場には記者以外の参加も認めた。会見はビデオ会議の形式をとったので、収容制限は設けなかった。毎回150人から200人ほどの記者が参加した。そして記者だけではなく日本ラグビーフットボール協会や日本バスケットボール協会、スポーツ庁やオリンピック・パラリンピック組織委員会、日本高野連（日本高等学校野球連盟）といった他競技の関係者や、コンサートプロモーターズ協会といったライブエンターテインメントの統括団体も参加した。天日干しそのものの連絡会議となった。

会議に参加する先生たちの活動も天日干しだ。彼らの知見はＮＰＢ、Ｊリーグに限らず広く社会に還元された。

井元清哉先生、村上道夫先生、保高徹生先生らによる研究成果には、令和５年度の科学技術分野の文部科学大臣表彰として科学技術賞（科学技術振興部門）が授与された。まさに日本中が注目する連絡会議であった。

コロナ対策を天日に干す

議論されたその内容は「Ｊリーグ新型コロナウイルス感染症対応ガイドライン」としてホームページに逐次更新され開示された。総ページ数１００ページにも及ぶ大作は、70回以上にも及ぶ改定を重ねた。

まさに生き物のように進化を続けたのだ。なぜならば、この新型コロナウイルスそのものも変異を続け、その形や脅威は変遷を続ける。我々も歩みを止めるわけにはいかないのだ。成果物を真似していただくことを大いに推奨した。

コストと労力をかけて作成したものを開示するとは善意がすぎる、との意見があるかもしれない。しかし本当に大切なものはガイドラインのような成果物ではなく、成果物を生み出し続け、更新・改善し続ける力なのだ。そうした力は開示し続けることによって磨かれ、その反応によって鍛えられるのだ。むしろ開示先に感謝しなければならない。

有事の只中でJリーグのエビデンスは一定の貢献をしたのではないかと思われる。

こうした**ガイドラインの開示もまた天日干し経営の本質**だろう。この著述の総指揮は当初たった一人、コロナ対策特命担当として着任した藤村昇司によるものであった。日本中が新型コロナウイルスとの格闘に明け暮れ、誰もが神経過敏になっているときに、その対策案を表明することはとても胆力のいることだ。彼の仕事に対する執念と社会を思いやる愛はとても言葉で表現できるものではない。

彼のおかげでJリーグは救われたし、日本社会が救われたと言っても過言ではないはずだ。

年間71回に及ぶ会見

ガイドラインの更新が76回であったが、2020年に私が登壇した記者会見の回数は71

回を数えた。コロナ対策室の実務をほぼ最初の段階から収束まで切り盛りした入江知子や仲村健太郎の気苦労は想像を絶するものがある。

試合直前にチームで3名以上の陽性者が出ていわゆるクラスターが発生することが何度かあった。試合の開催の是非を両チーム関係者や専門家を呼んで判断しなければならない。忙しい関係者を招集するだけでも気が遠くなる作業だ。サポーターがスタジアムに移動し始めているケースもある。

チーム運営関係者との確認作業も同時に進めなければならない。都道府県の行政サイドや保健所との対応もあれば、中継メディアや、スポンサーへの対応もある。サッカーの場合サッカーくじtotoを運営する日本スポーツ振興センターとの連携も欠かせない。

そうした一連のアクションを踏まえ、会見に臨む。私の会見は原稿を使わないぶっつけ本番の天日干し系である。何が飛び出すかわからない中、新聞やテレビ局などの対応に追われる。私との間に入るコロナ対策全体のリーダーの窪田慎二や勝澤健、黒田卓志の気苦労は推して知るべし、である。もしかしたら新型コロナウイルス以上に私の存在が面倒だったかもしれない。

会見の裏側ではサッカーのファン・サポーターに向けて副理事長の原博実がJリーグ

TVという我々の公式動画を通じて解説する。一切の原稿を使わずファクトメモのみで、自分の言葉で難解な理事会でのやり取りや、コロナ対策などを解説していく。彼こそ天然の天日干しスタイルだ。平時にも誰もが論評を避けたいと思うレフェリーの判定などにも「ジャッジリプレイ」という番組で解説してくれている。そこでの本音トークの連発に誰もが魅了されていた。

私は、前述のとおり「緊張するほうを選ぶ」というあまのじゃくな価値判断をする。200人近くの画面越しの記者の皆さんと71回も対峙するのはなかなかの試練だ。しかし、会見の場は私を強くする「スポーツジム」のような存在だと思っていた。追及されているうちに、社会の関心事がどの辺にあるのかが見えてくる。

私が返答に詰まるたびに何を解析しなければならないのかが見えてくる。人の発言を聞いているうちに情報の所在がわかってくる。これを年間71回も重ねるうちに私は磨かれ鍛えられていく。天日干しは何も自虐的な行為ではなく、組織や人を強くしていくものなのだ。

スナックと映画館を開設

「分断」に対抗する「結束」はＪクラブやＮＰＢなど社外との関係に限らない。Ｊリーグは社内向けにスナックを開業したり、映画館を開設したりした。「スナックＨ＆Ｍ」と「Ｊシネマパラダイス」だ。Ｊリーグは公益社団法人であり、福利厚生がさほど充実しているわけではない。そうした意味でも「スナック」の開業は面白い取り組みであった。

店主を務める副理事長の原博実のイニシャルＨとバーテン村井満のイニシャルＭからとった店名だ。夜21時になると職員が家族との夕食を終え、アルコールを片手にビデオ会議に入ってくる。中には子供と一緒に参加する仲間もいる。スナックのゲストの面々は夜が明けた朝の欧州からビデオで登場する日本代表クラスの選手たちだ。毎回一人のゲストを迎え、海外の生活やクラブの状況、リーグの感染症対策などの意見交換をしていく。長谷部選手がゲストだったときには、彼いわく「ブンデスリーガは選手を守るために週2回のＰＣＲ検査を実施している」ということを話してくれた。私たちはそうした情報を参考にＰＣＲ検査体制の構築に動いたのだ。

スナックのバーテンを毎晩のように務めているうちに世界の最新情報に触れていくことになる。また、世界で活躍している選手がとてもJリーグを心配してくれていることも実感する。これまで彼らと会話するのは10時間以上もかけて出張してようやく叶うものだと考えていたが、コロナのおかげで「分断」どころかずいぶんと距離が近くなった。職員だけでなくバーテンの私のモチベーションも維持できた。

また不定期にサッカーに関する映画の鑑賞会をビデオ会議システムで行なった。題して「Jシネマパラダイス」。当時私は「ヨコハマ・フットボール映画祭」の審査委員をしていた。映画祭の代表の福島成人さんにお願いして、審査を兼ねたフットボールをテーマとした映画の試写を職員とやったのだ。またコロナ禍で結婚式を延期せざるを得なかったカップルにはオンラインで結婚披露宴をやったり、２０２０年の4月1日には、１５０人近くの職員を集めた「史上最大の飲み会」などもオンラインで実施したりしていた。どこの飲食店でも飲めなかったからだ。みなで「上を向いて歩こう」を合唱したのを覚えている。

暗く辛いコロナ禍の日々だったが、天日干しを明るいノリで受け入れてくれた職員との関係性にずいぶんと救われた。

関係性の質
――スペインにいながら常勤の理事の役割を果たす

ＭＩＴ（マサチューセッツ工科大学）の教授ダニエル・キムは「関係性の質」について次のように述べている。「関係性の質が高まれば、思考の質が高まる。思考の質が高まることで、行動の質が高まり、最終的に結果の質が高まる」と。これは実は幼稚園で教わるようなことに近く、「ありがとう」や「ごめんね」から始めることが大切なのだ。

それが「結果の質」から入ってしまうと問題だ。「あの人ができているのに、なぜできないんだ？」となると、誰もが心のシャッターを下ろしてしまう。するとお互いの関係も悪化し、思考も行動もネガティブなものになる。そうした組織の結果は見えている。ダニエル・キムは天日干しの本質を言い当てていると言ってもいい。後ほど述べるつもりだが、森保一監督のもとでの日本代表チームも最高の関係性の質を維持していたと思う。「スナックＨ＆Ｍ」をやりながら、そんな人と人の関係性を考えていた。

また、私の最後の任期の業務執行理事とは最高の関係性だったと思っている。それまでも最高のキャスティングではあったものの、私のガバナビリティの欠如でチーム内でもうまくまとまり切らない局面もあった。さすがに4期を迎えることでやっと私もマネジメントの勘所がつかめつつあった。

そんな中で、感謝してもし切れない人物のひとりが佐伯夕利子だ。彼女はスペイン在住でスペインサッカー協会公認の指導者資格をもち、スペイン男子3部リーグでトップチームの監督に就任した最初の日本人であり、女性でもある。2018年から2年間、特任理事として理事会に参加してもらっていたが、彼女の見識と経験に敬服して、2020年から常勤の理事として日本に赴任してもらうことにした。

彼女は、日本で住まいを探し始めたのだが、その矢先に新型コロナウイルスの感染が拡大し始めた。結局彼女は2年間スペインからのビデオ会議を通してくれた。常勤の役員の仕事は激務だ。会議は多く、クラブとの打ち合わせの接点も多い。コロナ禍で誰もが、ビデオ会議だったから、画面越しにいる彼女には何の違和感ももたず、打ち合わせを重ねたのだが、実際にはスペインにいたのだ。時差は8時間（サマータイムで7時間）、日本で何気なく朝9時の会議を始めると、彼女は午前1時（同じく午前2時）だったはずだ。

2年間、完全に昼夜逆転の生活を続けてくれた彼女の苦労はいかほどだったのだろうか。彼女はスペインの太陽を見たことがあったのだろうか。所定の会議にとどまらず、Jリーグの職員のよろず相談窓口まで担ってくれた。時には自分の管轄外の職員も彼女に駆け込んだ。どれだけ私は救われたことだろう。彼女こそ天日干しの代名詞のような人である。私が4期目のテーマに掲げた「フットボール改革」への取り組みはもちろんのこと、人材育成、人格形成、社会課題など、さまざまなテーマに自分の意見を開示する。そして相手からの意見を謙虚に傾聴する。そんな彼女の努力で組織の関係性の歯車は回り始めたのだ。

アウフヘーベン——「ああ言えば、こう言う」で高次元へいく

Jリーグのコロナ対策は「感染症対策」だけではない。国会でも「感染対策」と「経済対策」が交錯したように、あらゆる施策には賛否がともなう。

一方の側だけの視点だと必ず行き詰る。「ああ言えば、こう言う」が世の常だ。ドイツの哲学者ヘーゲルが喝破したように、あらゆる事象には「テーゼ」と「アンチテーゼ」が

存在する。二律背反だ。この作用・反作用とも言えるような相対する概念を統合し、一段高いレベルにまで引き上げる考えが「アウフヘーベン（止揚）」だ。

社会はまるで対立する概念を相互に行き来しながら、「らせん階段」を上るように進化していくのだという。我々は徹底した感染症対策を議論し、それをガイドラインにまとめながら、一定の人数制限を行ないながらも有観客で公式試合を運営していく方針を固めた。安易に試合をすれば、感染対策上の反対意見が渦巻く。また安易に試合を中止し続ければクラブは破綻していくからだ。上から眺めれば、「感染対策」と「試合運営」は相矛盾する対極をぐるぐる回っているように見えても、横から見れば高い次元に上っているのだ。

理念に拠って立つ

Jリーグには中核の思想として「理念」がある。その中でも最も重要な文言は以下だ。

> 「豊かなスポーツ文化の振興及び国民の心身の健全な発達への寄与」

この文言の中からすべての経営判断の軸と優先順位を求めた。

①「国民の心身の健全な発達への寄与」とある以上、国民をリスクにさらす恐れがある場合は試合を行なわない、というものだ。これが第1プライオリティ。

②「豊かなスポーツ文化の振興」とある以上、国民のリスクが低減する前提でどのようなイレギュラーを飲み込んでもできる限りサッカーを行なう、というものだ。たとえ降格制度を凍結しても、無観客であってもスポーツは続けようというのが第2プライオリティだ。

③理念の中の文言に「文化」とある。「文化」は生活者個々人の賛同が長い年月積み重なって育まれるものだ。ある意味主観の集合である。規則でもなく強制でもない。「文化」の形成にはサポーターやファンの存在は不可欠だ。①②が満たされるならできる限り顧客とともに試合を開催したい、これが第3プライオリティだ。

JリーグはNPBとの連絡会議やガイドライン、さまざまな実証実験を行ない①のレベルを上げてきた。そして②に進むことができた結果、2020年、2021年とも公式試合はほぼすべて消化した。その上で95%近くは有観客で試合を行なった。③のレベルまでこだわったからだ。結果としてスタジアムからのクラスターは発生していない。

有事の際の天日干しは、施策の説明というよりも、施策の前提にある思想の説明に注力してきたのだ。**施策には必ず賛成・反対が渦巻き、会議は踊る。それがわかっているからこそ、先に思想の優先順位に合意しておくことが大事**だ。その合意は身内だけでなく社会とも形成することが大切だ。それこそが天日干しだと言えるだろう。

あずき相場と政治家には手を出すな

私は政界関係者との折衝をはじめとしたロビー活動が苦手である。我が家の家訓には「あずき相場と政治家には手を出すな」というものがある。もちろんシャレだ。でも正直なところ、政界関係者との関係性のあり方については、リクルート事件で心底懲りた。そのような私だから、政治家にも政府関係者にも知り合いは多くない。しかし、コロナ禍のような緊急を要する状況下では、トップが「苦手」だと言って逃げてはいられない。チームが選手や監督を海外から招聘しようとしても、国が徹底した水際対策を行なっている状況下では、外国人の入国は我慢をしなければならないこともあるが、知恵を出し、政府と協議することで打開する道もないわけではない。場合によっては、私の「苦手」意識が組織全体の利益を喪失する可能性さえあるのだ。

「苦手」なものにどのように向き合うかを知っておいて損はない。「苦手」を少し分類してみると、スポーツなどの世界では、何度対戦してもなかなか勝てない「苦手な相手」というものがある。「勝負になると自分を上回る力を発揮する相手」に対してもつ意識だ。また、「苦手な食材はありますか?」と聞かれることもある。「どうも生理的に合わない、アレルギー反応を起こしてしまう」ようなときである。こうした2つの相手に対して、気合と根性で立ち向かってもケガをするか、体調を壊すばかりである。

しかし、「早起きが苦手」というケースもある。こうした場合は、「本当は早起きしたいのに自分の努力不足を棚に上げて、言い訳をしているだけの苦手意識」なのかもしれない。私の「ロビー活動が苦手」と言うのは、どのタイプの「苦手」なのだろう。たしかに自分よりも力が上回っている人は政界関係者の中にいっぱいいるのは事実だが、別に勝負しようとしているわけではない。また、政治家に会うと肌にぶつぶつが出るわけでもない。かといって自分が努力不足という感じでもない。望みもしないし、悔いたりもしないからだ。もしかすると私的には「物理が苦手」と言う感覚に近いのかもしれない。勉強すれば面白いのかもしれないし、相性が悪いわけではないかもしれない。でも高校時代にテストで5点を取って以来、勉強することを一切やめた。意思をもって触らないと決めているものを「苦手」と呼んでいるだけなのかもしれない。

ここで「苦手論」を展開するつもりはないが、普段使っている自分の言葉に、無意識のなかで自己暗示に陥るよりも、自分の言葉をいろいろと考えてみて打ち手を決めていくことも必要かもしれない。勝ち目がない相手なら勝ち筋を研究すればいいし、アレルギーなら避ければいい。努力不足なら努力をするべきだし、自分でやらないと決めているなら、できる人を探せばいいのだ。

大車輪

そういう意味では、私のやらない裏側を丸ごとカバーしてくれたのが、専務理事の木村正明だ。政府との交渉、折衝を単身ですべてこなしてくれたのだ。

木村正明はファジアーノ岡山FCを自ら立ち上げ人気クラブに育て上げ、Jリーグに馳せ参じてくれた私の大恩人だ。東京大学法学部卒でゴールドマン・サックスの役員にまでなった人物で、ビジネス界でもスポーツ界でも第一級の実力者であり、実績ももつ。彼は水際対策に関して、素早く関係省庁の合意を取りつけてくれた。

Jリーグが海外からの入国者を完全に社会と隔離した状況で一定期間の経過観察を行なう前提で特例の入国を認めてもらう施策を当時「Jリーグバブル」と呼んでいた。まるで風船の中に入国対象者を隔離するようにして国民への影響を遮断するという意味だ。そうした施策ひとつとっても説明を要する行政府は多岐にわたる。外務省、法務省入国管理局、厚生労働省、文部科学省とスポーツ庁、内閣府などだ。木村は根気よく交渉にあたった。

また経営破綻の可能性さえあるJリーグに対して政府系の金融機関や大手の邦銀にコミットメントライン（緊急融資枠の設定）の設定をお願いし、取りまとめてくれた。時に菅義偉総理との面談もセットし、大規模接種会場などでのJリーグの協力を模索してくれた。また、財務省などとの折衝でも、Jクラブの責任企業やスポンサーがクラブ救済の目的（赤字補填や資金繰り対策など）で、スポンサー料を支払った場合でも、損金算入が認められるような見解を引き出してくれたのだ。

彼は誰の指示を受けるでもなく（私が指示できるわけがない）、しかもルールを逸脱するような手法を使うことなく、一人でこなしてくれた。まさに大車輪の活躍だった。ただそれは誰も見ていない場所の鉄棒で行なわれたように思う。当時、Ｊリーグのオフィスには誰も出社しておらず、また官庁街を歩く人も誰もいないような時期に彼が動き回ってくれていたのだ。そんな彼の偉業こそ天下に示すべき功績だった。

そして、国難ともいうべき状況で国民のために奔走する多くの政府関係者の存在も知ることになった。私の狭い了見の食わず嫌いともいえる「苦手」意識も反省することになった。

天日干しの勘所

新型コロナウイルス対策を通じて、天日干し経営の実践ケースを俯瞰してみた。ここで改めて天日干し経営の勘所に触れてみたい。

天日干しと言うけれども何でもかんでもさらせばいいというものではない。契約で守秘義務をお互い交わしているような内容はもちろん開示できないし、人のプライバシーに当たることや自身のプライベートなものまで開示する必要はない。また自分の耐性を超えて周囲の批判にさらされてしまうと時に自分を壊してしまう可能性もある。まるで紫外線を浴びすぎて皮膚炎を起こしてしまうように。

自分には不都合だけれども、この事実を伝えることで顧客や社会にメリットがあると感じたら、少し勇気を出して伝えていく感覚ぐらいがちょうどいい。**実際は、自分の能力を超えた説明責任を求められることはまずないので、過度な心配は不要だ。**自転車に乗っているのにナナハンのエンジンを積むようなことはないからだ。

ここからは、Jリーグやリクルートを離れ、少し社会全体から見た「天日干し経営」の潮流を眺めてみた。

第5章

時代の潮流は「天日干し経営」に向かう

Ｕｂｅｒとメルカリ

日本でもタクシーを呼ぶ配車アプリが普及しているが、海外では一般ドライバーが自家用車を使い、有料で人を運ぶライドシェアというスタイルが一般的だ。このモデルは日本では「白タク」と呼ばれ、現在日本の法制では、国から許可を得た緑色のナンバープレートをもつドライバー以外の配車は禁止されている。

私は、国際試合などで出張する場合、ライドシェアのＵｂｅｒといったアプリをよく使う。見知らぬ土地で、言語も通じない場合でも、目の前に迎えに来てくれるし、目的地の指示も、支払い手続きも不要なのでとても便利だ。信用できるなじみのタクシー会社ではなく、ある意味個人の空き時間にサービスをしている見ず知らずのドライバーに自分の命と時間を委ねるのだから当初は心配もあった。しかし、このサービスの裏側で「信用」を付与しているのが「天日干し」の思想だった。

アプリにはドライバーの情報が表示される。ドライバーの顔写真、氏名、話せる言語、

Tripsという欄にはこれまでの配車回数、経験期間まである。重要なのは利用顧客の評価ランクだ。1000回も配車していて5点満点の評価が平均4・9もあると安心して呼び出しボタンをタップすることができる。

また、逆に乗客のことをドライバーも評価する仕組みが裏側には存在している。泥酔していたり、横柄だったり、乱暴だったりするような顧客は低い評価が記録され、ドライバー側も顧客を断ることができるのだ。無名の個人でも真面目に仕事をしたり、きちんと生活したりしていると報われる時代になりつつあるのだと実感する。

子供を育てていたときに使っていたおもちゃや子供服など、深い思い出があるけれども、大切に使っていただける人がいたら譲りたいと思うことがある。リサイクルの考え方でもあるのでエコシステムでもあるし、さらにはお金がいただけるならばなお嬉しいというものだ。

昔、お店屋さん気分で、フリーマーケットを出店したことがよくあったのを思い出す。今ではデジタル技術を使ったメルカリのようなフリマアプリが人気だ。ただ、取引相手は見ず知らずの他人だ。大切な思い出の品を取引して大丈夫だろうか、と考えてしまう。また欲しいレアな商品が見つかった場合、この見知らぬ人から買って大丈夫だろうかと悩んでしまう。

こうした取引相手の信用を担保しているのも天日干しの思想だ。メルカリで取引をする場合、取引相手の評価をダイレクトに知ることができる。これまでの取引を終えての評価が、「良かった」と「残念だった」の2択で集計され、その件数まで表記される。また、取引した人のコメントがそのまま表記されるので取引の疑似体験までできる。「平均24時間以内に商品発送をしています」と出品者のスピード感まで知ることができるのだ。

私は、ドライブの途中で道の駅などに寄っては地域の農産物を買ったりするのが大好きだ。そうした新鮮な野菜などには生産者の名前が記されていることが多い。顔の見える取引だ。自分の名前を明かした上での取引は生産者の責任も覚悟もうかがえる。名車フェラーリのエンジンには生産者の名前が刻印されることがあったと聞いたことがある。開かれた天日干しの姿勢にはいい加減な商品やサービスは存在し得ないものだ。

これまで**「信用」とは相手の「知名度」や「企業規模」などを通じて付与されてきた。**しかし、これからは、**多くの関係者の「視線」によってその信用が与えられる時代にシフトしていくのだ。**また評価も「上司」や「管理職」などの特定の権限をもつ人が上から下に一方的に下すものと考えられてきた。しかし、デジタル技術は真面目に生きている人にしっかり光を当ててくれる。

まさに天日干しは、そうした一人ひとりが、一人ひとりに光を向けていくシステムというわけだ。「誰も見ていないから、わかりはしない」と手を抜くようなことがある市場から、**「誰もが見てくれているからより良いサービスを心がけよう」**という環境に変わってきているのだ。

ブロックチェーンとNFT

ブロックチェーンは情報を記録するデータベース技術の一種だが、データを塊（ブロック）ごとに管理し、それを鎖（チェーン）のように連結してデータを保管する技術だ。データは、常に更新されていくが、直前のブロックの内容を表す記録が書き込まれているので、データを部分的に改ざんしようとしても、つながるすべてのブロックのデータを変えなければならないので、ブロックチェーンで管理されているデータの改ざんは難しいと言われている。

スポーツマーケティングで話題となっている技術に「NFT」と呼ばれるものがある。

世の中に二つとしてコピーされたものが存在しない、たったひとつしか存在しない「スター選手のお宝画像」などの資産を保証している。「ＮＦＴ（Non-Fungible Token：非代替性トークン）」は、唯一無二の、いわば代替性のない商品であることを証明する鑑定書付きの資産とも言える。これもブロックチェーンの技術を活用したもので、取引に介在する多くの人のデータが埋め込まれているので改ざんすることができないからだ。そうした資産は高値で取引されていく。

多くの人にさらされることで、その価値が保全される。まさに、「天日にさらすと日持ちが良くなる」典型的なケースだろう。

ＤＡＯと民主主義

こうしたブロックチェーン型の技術は組織マネジメントにも影響を与え始めている。ＤＡＯ（ダオ）と呼ばれる組織モデルだ。「Decentralized Autonomous Organization」の頭文字からとった呼び名だ。「分散型で、中央集権的ではなく・誰かに依存することのない自律した・組織」とでも訳せるかもしれない。組織は普通社長や部長、課長といったヒエラルキーをもつが、DAOは完全に構成員がフラットで対等だ。もちろん、採用試験や入社式があるわけではないので、国籍や学歴、性別、年齢なども関係ないし、匿名での参加もOKだ。

インターネットで参加するので誰でも、いつでも自由に参加できる、平等な組織モデルだ。組織の運営はスマートコントラクトというブロックチェーン上の約束に基づいて行なわれ、参加者全員による意思決定に基づく。意思決定の投票はガバナンストークンを用いて採決され、投票結果はすべてブロックチェーン上に記録されるのだ。

この運営は勝手に改ざんされることはなく、自律的に民主的な運営が約束される。すべての組織に応用することができるかは疑問でもあるが、紀元前のギリシャの直接民主制や古代ローマの民会などの現代版があらわれているのかもしれない。

本当の人間力とは何か

8年間のチェアマンを通じて、多くのアスリートに会ってきた。レフェリーもアスリートとすれば、その数は相当数に上る。

私は、リクルートの人事部長や人材会社の社長も経験していたので、人材論の視点からもそうした仲間と接してきたわけだ。彼らは、入学試験の偏差値という観点では高い学歴を有している者ばかりではない。高卒も多いし、大学中退もいた。

特にこれといったビジネス系の資格をもっているわけではない。なのでビジネススキルがあるわけではない。そもそもサッカー選手としての社会人経験以外は大してあるわけではない。飲食店でのアルバイト程度かもしれないので転職をしようと思っても履歴書に書ける経験は大してあるわけではない。当然サッカー以外での就職を考えると、面接官のみならず、本人も何ができるか途方に暮れてしまうだろう。

では人間としての価値が低いかと言ったらとんでもない。想像を絶する困難を超えていく精神力。自分を律するセルフコントロールの能力、仲間と協力し合い、結果を出していくチームワークのチカラ、統率力。対戦相手を冷静に見極める分析力。大観衆に自らをさらし、言い訳せず、逃げない天日力。どれをとってもビジネスの世界でも必要な要素ばかりで、ずぬけた高い人間力をもっているのだ。

現代社会は、まだまだ人間の能力を表現する言語に乏しいと思っている。

「学歴」「職務経歴」「資格」など数少ない言語でその人間のチカラを想像しようとする。しかし、これからの人口が減少していく局面では、本当の意味での、その人の人間力を紡ぎ出して活用していく以外に発展の道はないはずだ。サッカー選手が生きてきた軌跡をブロックチェーンのような改ざんできない技術で表現できたらいいのにと思う。

すでに欧米などでは、学校の入学試験や企業の採用試験で「レファレンス」といって本人以外の第三者に「推薦状」のようなものの提出を求めることが多い。日本ではそんなものを求めても本人が依頼する知り合いの推薦だから「いいことばかりしか書いていないはずだ」とあまり重用しないケースも多い。

しかし、同じ誉め言葉もしっかり分析していけば誉めどころが分散していたりする。その誉めどころの差異を聞き出していくのが本来のインタビューだろう。また、誉めどころが表出した環境の差異を見ていくことで、その人はどういう状況下で力を発揮するのかが見えてくる。

この人間は、こういう性格だとか、こういう適性だと、固定的に捉えるのではなく、環境によって大きく変わってしまうものが人間だと思っている。私もまったく実力が発揮できなかった上司であったこともあれば、自分がまるで別人のようにのびのびしていたときもあった。そうした環境まで含めて人を見ていく姿勢が必要で、そのヒントとなるのが周囲の天日履歴なのだと思う。人材活用論としても天日干しは興味深い。

VUCAの時代

現代はVUCA（ブーカ）の時代と呼ばれる。Volatility（変動性）、Uncertainty（不確実性）、Complexity（複雑性）、Ambiguity（曖昧性）からなる言葉でもとは軍事用語だという。人気商品の陳腐化は目まぐるしい。技術の変化も日進月歩で常に変動を繰り返す。

コロナやウクライナ問題を見るまでもなく何が起こるかわからない。ポストトゥルース（Post Truth）と言われるように、国のトップの発言ひとつで国際社会が動いていく不確実な社会だ。

コロナ禍で誰もが目にしたが、国ごとに水際対策は異なるだけでなく、国内でも知事によって見解が異なる複雑怪奇な様相を呈している。ルールも複雑さを増し、人間関係も複雑を極めている。

何より因果関係そのものが曖昧で、「風が吹けば桶屋が儲かる」といったような固定的ストーリーはすでに破綻している。

チベットやシベリアの永久凍土の中には数多くの新型ウイルスや炭疽菌などが存在しているという。これまでのコロナ禍は序章と見るべきなのかもしれない。また、気候変動の激しさも年々その威力を増している。屋外競技のサッカーのチェアマンは気候変動との戦いだったと言ってもいいのかもしれない。台風シーズンの週末ともなるといつも天気予報と試合中止判断に眠れない日々を過ごしたものだ。

逆に言えば自然の恩恵の中でできるのがサッカーだし、戦争中にはスポーツは楽しめない。安寧な社会に感謝しなければならないのがスポーツだ。スポーツに身を置くと、社会の変化に敏感にならざるを得ない。現代は、予測できない事象が急増しているのは間違いない。

そうした意味では、これまでとまったく違った**一寸先は闇という中で生きていく**ことになる。であれば、**過去の再来や過去の再現にとらわれる必要もない**わけだ。

私たちは、過去の分析に多くの時間をかけている。ケーススタディ、ビジネスモデル、ベストプラクティス、ノウハウなどなど。学校の授業も私が子供のときの内容と大きく変わっていない。これまでの成功体験をベースに横展開していくことで生産性を上げ、成功確率を高めていくこと自体は悪いことではない。しかし、前例が通用しない時代なのだから、そうした過去は生成ＡＩに委ねて、未知の世界の歩み方を模索すべきだろう。

そうしたときに役立つのが天日干しの思想だ。ミスを恐れず、過去にとらわれず、チャレンジを繰り出し、その結果をオープンにしながら、また次なる成功確率を上げていくべきなのだ。

時に単独でのチャレンジではなく、「ＮＰＢ・Ｊリーグ新型コロナウイルス対策連絡会議」のようにアイデアのシェアリングを行なっていくのがいいのではないだろうか。重複投資をしている余裕はないからだ。もともと長屋文化の日本は味噌や醤油の貸し借りなどのシェアリングエコノミーは得意なはずだ。

サッカーはミスのスポーツ「ＰＤＣＡではなく、ＰＤ〝Ｍ〟ＣＡに」

第２章の「なりわい文化論」で、生業がもつ本質が醸し出す共通の文化に関して述べた。リクルートにおけるメディア業の本質を「変化」と捉え、人事施策のベクトルをすべて「変化」に合わせて行なったわけだ。

Ｊリーグのチェアマンになって、サッカーという生業の本質は何かと考えた。私はその結論を「ミス」と置いた。人間が手を使わないがゆえにミスばかり起こりえる。サッカーはミスを乗り越えていく競技とも言える。仲間のクロスが上がってくることを信じて何度も逆サイドを駆け上がる。ミスをひとつひとつ責め立てていてはサッカーではなくなってしまう。ミスを誰もがするサッカー界において、事務局のＪリーグ職員がミスを恐れてどうするのか、と思っていた。

私は２０１５年の年初、職員を集めた集会で「ＰＤ〝Ｍ〟ＣＡ」の話をした。「ＰＤＣＡ」の真ん中にＭｉｓｓを置こうと（図表５－１）。Ｐｌａｎ（計画）－Ｄｏ（実行）－Ｍｉｓｓ（失敗）

図表5-1　PDCAではなく失敗を乗り越えるPD（M）CA

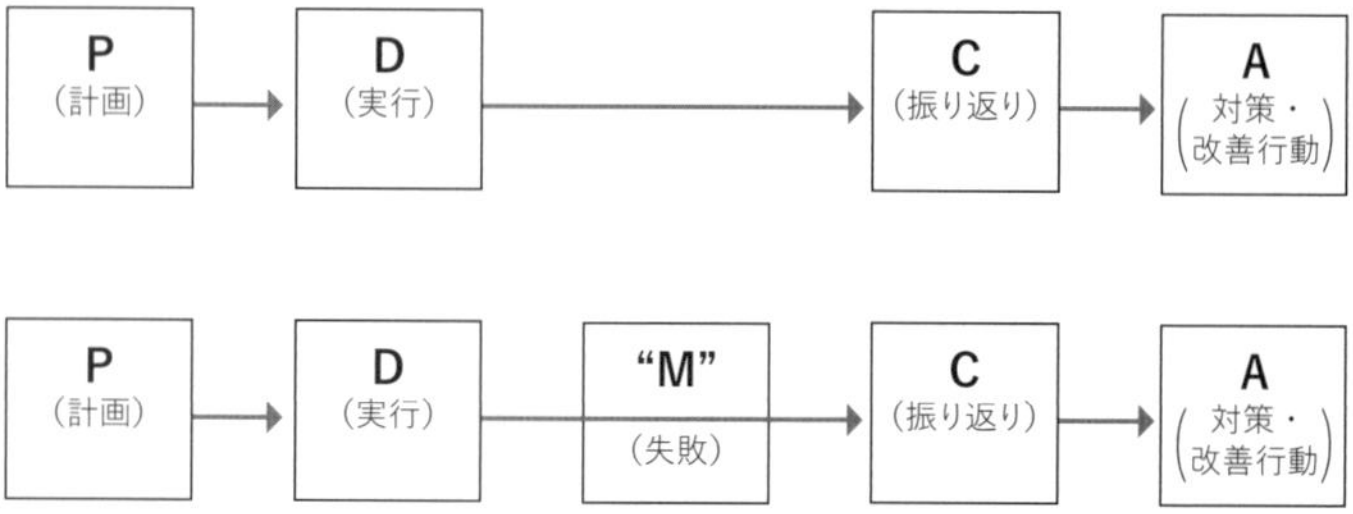

―Check（振り返り）―Action（対策・改善行動）だ。今後のデジタル改革の時代においてはどれだけ多様な打ち手を繰り出すかに勝負がかかっている。

熟慮に熟慮を重ね、慎重に事を運んでも、VUCAのように陳腐化も激しい時代においては、時すでに遅しということもある。中国の古典には「巧遅は拙速にしかず」という言葉もあるくらいだ。時代は失敗を恐れて躊躇するよりも、むしろ失敗を乗り越えていく姿勢を求めているように思う。

セレンディップの3人の王子たち

私の好きな物語に「セレンディップの3人の王子たち」というペルシャのおとぎ話がある。セレンディップは現在のスリランカだ。旅をする3人の王子は道中さまざまな困難に出会うが、思わぬひらめきで困難を乗り越えていく。

何かを真剣に求めていると、求めていたものとはまったく別なものではあるが、突然のひらめきが窮地を救い、思いもしない発見があったりする。予期せぬものを発見する力を「セレンディピティ」というが、その語源となる物語だ。ノーベル賞の発見の多くが「セレンディピティ」だと聞いたことがある。PD〝M〟CAも失敗を推奨しているだけではない。

失敗の先を求めているのだ。困難な中を歩んでいくと、失敗もあるのだが、「瓢箪から駒」ということもあり得るのだ。困難な時代を旅する我々にはとても参考になる物語だ。

「クリーンハンズの原則」と「悪意」

とはいえ、失敗は怖い。ミスは恥ずかしい。頭ではわかっていても体が固まってしまうこともある。そんなときに思い出すのは「クリーンハンズの原則」と「悪意」についての講義だ。

私は法学部出身である。大学1年生のときの法学の最初の授業だったと思う。印象に残っている言葉がある。「クリーンハンズの原則」というものだった。文字通り「自分の手がきれいでなければ、法の保護は受けられない」という原則だったと思う。それを私は、都合のいいように解釈して、「悪いことをしなければ、法律を知らなくても法に守ってもらえる」と解釈した。その挙句、この「クリーンハンズの原則」という言葉だけは生涯覚えておこうと決め、法律の勉強は不要だと決め込んだ。以来大学では授業も受けず旅ばかりしていた。

もうひとつは法律用語でいう「悪意」という言葉だ。普段普通に使っている「悪意」という言葉とは別に法律用語としての「悪意」があるとはじめて知ったのだ。法律上の意味は、「自分の行なうことが法律上、何らかの意味をもつことを知っている上で、それを行なうこと」というものだ。

「こんなことをやってしまったら捕まる」と知っていながらやってしまうことを「悪意」があると言うのだ。「こんなことをやってしまったらどうなるか、そんな事情はさっぱりわからないでやっていた」場合を「善意」と言うのだそうだ。バカな私は、あれこれ知っていると罪が深くなってしまうから、法律の勉強は早めに辞めようと思ってしまったのだ。

卒業単位が160単位もあったのに大学2年までに60単位しかとらなかった。中国徒歩旅行に明け暮れる日々だった。

複雑な時代の何が正解かわからない環境に身を置く中で、この「クリーンハンズの原則」と「悪意」を改めて考えてみる。**「失敗するかもしれない、でもきっとうまくいく、社会のためになる」と信じて頑張った結果、間違っていたのであれば、その人の手は汚れていないと解すべきだ。**守ってあげなければいけない。「これをやってしまっては業界のルールを破ってしまうと知りながら、自社の利益のためにやってしまう」と「悪意があった」と言われメディアに叩かれる羽目になる。

要は、ルールに触れるということを知っていながらそうした行為を隠れてやってはいけないということだ。逆に、自分の行為を周囲にさらしている人間に隠し事はなく、悪意もないので罰が下ることはないと教えられたのだ。「天に誓って」とか「お天道様が見ている」といった表現があるように、誰に見られても恥ずかしくないという生き方であれば安心なのだ。

第6章

ONGAESHI

近江商人とサステナブル経営

「実は」私は近江商人の末裔である。余談だが、私はこの「実は」という言葉に敏感だ。「傾聴力」が大切であることを理解したときに、普段何気なく使っている「実は」という言葉が妙に気になり始めた。「これから本音を話しますよ」というときに無意識に使う接頭語だからだ。

私はリクルートの人事時代の面接で、相手に「実は」と言わせたら私の勝ち、言わせることができなかったら私の負け、というルールをつくって面接に臨んでいたことを思い出した。面接で本音を聴けなければまったく意味をなさないからだ。「実は私は……」という会話は、自らを天日にさらすコミュニケーションの接頭語とも言える。

話はそれたが、実は私は近江商人の末裔である。本家13代の村井宏氏は私の父のいとこにあたる。始祖である村井市左衛門孝寛は寛永10年（１６３３年）に今の滋賀県の琵琶湖の西側にある近江国高島郡大溝に生まれる。彼は兄の村井源太郎が住む現在の盛岡、南部に向かい、わらじを脱ぐことになる。以来南部で「村市」の屋号で商人として代々活躍する。明治14年（1881年）には、第11代村井市左衛門は、明治天皇の東北・北海道ご巡幸を手助けしたり、明治35年（1902年）には大隈重信から早稲田大学の開校式に招待されたりしている。しかし、明治の激流に揉まれ、次第に没落の一途をたどることになる。私は父に連れられ、盛岡の本家を何度も訪ねている。本家には多くの古文書が保存されているが、始祖である村井市左衛門孝寛の御遺誡というものが残っている。

人富則奢　奢則肖礼（人は富めば、すなわちおごる　おごると礼にそむくようになる）
肖則人悪　悪則災来（そむけば人ににくまれる　にくまれれば災いがくる）
来則成損　成損家貧（災いが来れば損をする　損となれば家は貧しくなる）
貧則人賤　賤則起欲（貧しくなると人はいやしくなる　いやしくなると欲が起こる）
起則為邪　為則身亡（欲が起これば邪悪なことをする　そうすれば身を亡ぼす）

商人でありながら、冒頭に人が富むことを戒めている。「儲けることを警戒せよ」と言っているようである。近江商人の商道徳は「三方良し」だと言われる。「売り手良し、買い手良し、世間良し」というものだ。単に売り手の「村市」が富めばいいとは言わないのである。奢り高ぶり、人ににくまれるようなことを慎むように伝えている。常に世間に向けて正しく生きなさいと言っている。

現代では、サステナブル経営とかＥＳＧとか、ＳＤＧｓという言葉が横溢しているが、４００年も前から日本では、ビジネスは社会に貢献しなければ存続し得ないと教えている。

老舗大国ニッポン

日本は世界で最も老舗《しにせ》の多い国だと言われている。長い年月にわたり企業経営が持続しているモデルの国とも言える。言葉を変えればサステナブル経営を実践している国と言える。

老舗の語源は、「似せて行う」とか「仕似す」と言われている。創業の精神を受け継ぎ、その思想を真似ることから代々と受け継がれていく。「不易流行」という言葉があるが「変わらない本質を守りながらも、時代に合わせて適応していく」というものだ。

室町時代の猿楽《さるがく》師、世阿弥は『花伝書』（風姿花伝）の中で、「しにせ」を表現している。

猿楽とは、能と狂言で構成される現在の能楽の古い呼称だ。

いわば現在の芸能界の源流でもあるだろう。この中で世阿弥は「万物の品々を、よく仕似せたらんは、幽玄の物まねは幽玄になり」と著している。「幽玄」は「奥深く、深淵な世界」とでも言うものだろう。「とても言葉にはできないような深い世界」を表現することも「似せる」ことが大切だと言っている。

サステナブルな経営もベースは創業の精神を受け継ぎ、似せる、その精神を守った上で時代に合わせて変革を行なうのだ。これがまさに千利休が言う「守破離」なのだろう。


「村市」は明治維新という時代の激流に翻弄され衰退の道をたどった。200年に及ぶ歴史の中で、どこかで創業の精神が受け継がれなくなったのか、疑問は尽きない。私は「Jリーグの理念」一点に判断基準を絞り、経営をしてきたわけだが、そうした発想も近江商人の思想が底流にあったからなのかもしれない。

Jリーグには「百年構想」というビジョンがある。「スポーツで、もっと、幸せな国へ」というスローガンのもとで「緑の芝生におおわれた広場やスポーツ施設をつくる」「サッカーに限らず、あなたがやりたい競技を楽しめるスポーツクラブをつくる」「観る、する、参加する、スポーツを通して世代を超えた触れ合いの輪を広げる」ことに励んできた。

考えてみれば「サステナブル」というカタカナがなかった時代に「百年構想」という言葉を使ったわけで、その意味は自らの存在を社会に開き、ともに持続可能な社会をつくろうとしたわけだ。近江商人もJリーグも時代の先を走っていたのかもしれない。

チェアマン退任と森保監督

老舗の必要条件は代々、創業の精神を受け継ぐ後継がバトンを受け、渡し続けることに尽きる。

私が就任した当時、チェアマンの在任任期の上限は定められていなかったが、私は比較的早いタイミングで在任任期の上限を8年と決めた。今でこそスポーツ庁が定める「スポーツ団体ガバナンスコード」では、「理事が原則として10年を超えて在任することがないよう再任回数の上限を設ける」ことが規定されている。特定の個人が長く在任することで権力の集中が起こったり、時代に即した変革を阻害したりする可能性があるからだという。こうした国の規定が存在する前からJリーグはチェアマンの任期を決めた。

自分の役割の終わりが決まっているから、そこまでに何かを仕上げようと思うわけだし、人を育てようと思うのだ。そもそも人生には寿命がプログラムされているからこそ「死ぬことと見つけたり」を出すまでもなく、価値があるのだ。

私は２０２２年の3月15日をもって退任することが決まっていた。退任するまで、次は何をやるか決めずにいくのが私の流儀だ。リクルートに在籍しながらチェアマンの打診を受けたわけではない。リクルートを辞して、家で家事をしていたときに舞い込んできた話だ。

Ｊリーグを辞めてからは、キャンピングカーを買って全国の温泉街とＪクラブを行脚することは夢見てはいたが、仕事は決めずにいた。そんなチェアマンとしての終盤の２０２２年2月12日の土曜日に「富士フイルムスーパーカップ」が開催された。

前年のリーグ戦優勝チームの川崎フロンターレと前年の天皇杯優勝チームの浦和レッズが争う戦いで、２０２２新シーズンの開幕を告げる大会である。私にとって表彰式のある最後のＪリーグの公式試合となる。主管試合は、最後の最後まで気が抜けないもので余韻に浸る暇もない。

試合が終了し、試合終了後のクラブマスコットによる運動会のイベントも終了し、サポーターも帰路につき、メディアも会場をあとにした。そんなタイミングで少しほっこりし

写真7　サプライズで開いてくれた退任セレモニー

筆者と原博実、木村正明、佐伯夕利子の4人を送るセレモニー
写真提供：Jリーグ

ていると、サプライズが用意されていた。

　後片づけをしていた職員が集まってくれたのだ。このタイミングで退任する私と原博実、木村正明、佐伯夕利子の4人を送るセレモニーを開いてくれたのだ（写真7）。

　セレモニーの中で、日産スタジアムの大型再生装置に日本代表の森保一監督のメッセージが流れた。多忙を極める森保監督が私たちにわざわざメッセージを寄せてくれたのだ。

　その当時の森保監督は、まだカタールワールドカップの出場を決めていないタイミングで、メディアやSNSでは辛辣な批判も展開されているタイミングだった。

そんな中で、自分のことで精一杯のはずなのに心を込めた「村井チェアマンお疲れさまでした」というメッセージに私は思わず涙した。

森保監督の逸話はいろいろと聞く機会があった。新幹線の普通車に乗る若いコーチングスタッフに弁当を運んでいるとか、メダルを逃した東京オリンピックでも無観客試合の中で頑張ったボールボーイにお礼の挨拶に向かったとか。そんな彼の姿を見て、自分本位に生きるのではなく、仲間や社会のために力を尽くそうと日産スタジアムで決意した。


日産スタジアムのセレモニーの後、私はJリーグを退任した。退任日は3月15日だが、兼任する日本サッカー協会の副会長の退任日は少し遅れて3月27日の予定だった。

この間の3月24日に2022 FIFAワールドカップ・アジア予選の第9戦、シドニーでのオーストラリア戦が控えていた。グループBの2位日本と3位オーストラリアの直接対決で、カタール大会の切符を手にすることができる2位以内を確保するためには、どうしても勝たなければならない敵地での大一番だ。私は、すでにチェアマンではなかったが、協会の副会長として代表チームに帯同をすることになった。ずっとチームのそばにいて、前述の「関係性の質」の観点で組織コンディションを見守っていた。

森保一監督以下、吉田麻也キャプテンを中心にチームは見事にまとまり、長友佑都や川島永嗣らのベテランがチームを明るく鼓舞し、若手も遠慮なく、のびのびと発言する。とてもいいバランスだ。

リラックスした感じでスタジアムでの前日練習を終えた選手はロッカールームに帰っていった。するとロッカールームからキャプテンの吉田麻也が再び私のところに戻ってきた。彼は、「村井さん、ちょっといいですか」と、私をロッカールームに連れていくのだ。ロッカールームでの風景に私は驚いた。選手たちが私を「8年間お疲れさまでした」と拍手で迎えてくれたのだ。そして、背番号「8」と「MURAI」と記されたユニフォームをプレゼントしてくれたのだ。

日産スタジアムに映し出された森保監督のメッセージが去来する。大切な試合を翌日に控え、準備しなければならないことがいっぱいあるはずなのに、この心配りはいったいどこからくるものなのだろう。「神は細部に宿る」というが、チーム全体に相手を思いやる心が根づいている。そうしたチームだからこそ、困難な状況をお互いが補完しながら乗り越えていくのだろう。選手たちの笑顔に、私は翌日の試合の勝利を確信した。

試合は、途中出場した三笘薫が立て続けに2点をあげ、2対0で勝ち、7大会連続7回目となるワールドカップ出場を決めた。前述のように、ワールドカップカタール大会でのチーム別市場価値（選手年俸の総和）で日本が１００億円程度だとすると、10倍以上の開きがあるドイツやスペインに勝てたのは、個々の力の総和を超えた強固な関係性があったからに他ならない。自己の利益以上に相手を思いやる彼らの姿勢に感化された私は、もう一度しっかり「三方良し」の精神で社会に「恩返し」しようと決意した。

スポーツ界と地域経済へのＯＮＧＡＥＳＨＩ

単純な私は、退任後の4月1日に「恩返し」という社名を登記した。「株式会社　ＯＮＧＡＥＳＨＩ　Ｈｏｌｄｉｎｇｓ」だ。意外にもそんな社名は存在していなかったのだ。私一人で、自宅での登記にもかかわらず、「Ｈｏｌｄｉｎｇｓ」というのも笑ってしまうが、お世話になった方々への恩返しをしようと決めたのだ。

特に60ものＪリーグクラブは数多くの地方企業に支えられている。地域を元気にしたいというＪリーグクラブの思いと、地元に活力をと願う企業の接点に多く出会ってきた。私はそうした地域社会に恩返しをしようと決めたのだ。

もし新たな人間力の可視化が実現できれば、アスリートの社会進出を支援できるかもしれない。そんなことを考えた。

これからJリーグや地域社会に恩返しするのにJリーグのチカラを借りて行なうのでは、恩返しでも何でもなくなってしまう。そこで私は、Jリーグの外側にいる人に相談してみることにした。丹野裕氏だ。今はなき、横浜フリューゲルスの初代強化部長で、フリューゲルスが活動を終えたタイミングでJリーグを去った人だ。フリューゲルスと言えば1993年にJリーグが創設されたタイミングの最初の10クラブに名を連ねた全日空が母体のクラブだ。

当時私は埼玉県の宮原にあるマンション5階に住むサラリーマン。丹野の部屋は同じマンションの4階だった。Jリーグがスタートした当時、雨の翌日には、浦和レッズの赤い傘を干している住居が多かったのだが、なぜか丹野の家には青い傘が干してあった。そんな縁から続いている関係だ。息子の裕介は当時4歳。しかし、その息子が後に、私の母校、埼玉県立浦和高校、早稲田大学、リクルートに進むことになる。なんとも浅からぬ縁を感じて関係は続いていたのだ。

自分自身の「天日干し」

私は丹野親子と食事をしながら社会に「ＯＮＧＡＥＳＨＩ」をしたいと話した。丹野親子はとても関心をもってくれた。父も横浜フリューゲルスの一件以来、Ｊリーグや地域社会に恩返しができぬまま今日まで至ってしまったとの思いがあるという。できることは一緒にやろうと合意した。

その一方で、「何を、どの順番で、どういう形で行なっていくか」という具体的な案については詰めきれない状態にあった。

地方企業を元気にすること。そしてその先にあるアスリートの社会進出を行なうという夢を、どのように現実化していくのか。単に地域と地域をつなげることも、そしてアスリートを支援することも、簡単には達成できない目標に思えた。

そんなとき、丹野裕介から、Ｔｒｙｆｕｎｄｓの「Ｄｅｃｉｓｉｏｎ」というサービスを紹介された。40分のセッション数回で超短期的に戦略策定を行うという手法だった。半信半疑でそれを受けてみることにした。

当日のファシリテータは、ＰｗＣコンサルティング、ＩＢＭ戦略コンサルティンググループなどにおいて、20年超にわたり戦略コンサルティング業務に従事した金巻龍一氏だった。彼の質問にひとつずつ答えていきながら、私は自らの棚卸しを繰り返していった。

一体私は何をしたいのか？　誰のためにそれをやるのか。何をもってそれが実現したとするのか、などなど。そしてたどり着いた先が**「天日干し経営モデル」を軸として、地域に恩返しをすることであった。**サッカー選手たちの姿を思い描いた。**「チャレンジを諦めなかった人」、そんな人たちを応援したい。**私の腹は固まっていった。

Ｔｒｙｆｕｎｄｓとの縁――カーボンニュートラルの第一人者

丹野裕介はリクルートを退職後、「Ｔｒｙｆｕｎｄｓ」という会社を起業するのだが、Ｍ＆Ａの仲介やハンズオン型の経営支援などのコンサルティングを数多く手がけている。グループ会社の「Ｓｕｓｔｅｃｈ」は、脱炭素社会の実現と事業成長の両立に向けて企業支援をしている。再生可能エネルギーの調達最適化や社会全体における地域分散型電力網の構築を支援するＡＩ開発などにも事業は及んでいる。今では発電所の建設時に必要な、企画エンジニアリング・部材調達・建設などのエンジニアリング機能も併せ持つまでになっている。

「Tryfunds」や「Sustech」が得意とする「環境経営」と、私が長らく携わってきたスポーツを軸とした「地域に根ざす健康経営」が融合する形でのONGAESHIができればと考えている。両者に共通する要素は「人材」である。

リクルート以来長く私のテーマはHR（Human Resource）であった。現代社会はあらゆる事業のボトルネックが人材になりつつある。労働力不足もイノベーション人材の不足も、後継者不足もすべて企業の活力を奪っていく。

今こそHRソリューションや天日干しの経営モデルで企業再生を実現しようとの思いに至った。そうした思いが交差する形で、「Tryfunds」と私の「ONGAESHI Holdings」が共同で運営する「ONGAESHI Capital」を組成した。今後の両者の活動のベースとなる予定だ。

EとSとGのトライアングル

資源をもたない日本において環境経営（Environment）は死活問題である。また、人口減少が続き、疲弊する地域社会（Social）をどのように再建していくかも喫緊の課題だ。そして何より、開かれたガバナンス（Governance）は天日干し経営そのものとも言える。こうしたテーマをオープンな形で議論していきたいものだ。

２０１１年に制定された「スポーツ基本法」において、「スポーツは、世界共通の人類の文化である」と宣言された。

また、「スポーツを通じて幸福で豊かな生活を営むことは、全ての人々の権利」と定められている。いわばスポーツは明確に「基本的人権」のひとつなのだ。それゆえスポーツは裾野も広く、奥行きも深い。要するに、スポーツは、人々の日常生活の一部と言っていいくらい欠くことのできない存在であり、皆のものなのだ。ＥＳＧのトライアングルの真ん中に、それをつなぐハブとしてスポーツが期待されるのであれば望外の喜びだ。

「自ら」と「自ずから」

私の尊敬する歌人であり、実業家に執行草舟さんがいる。古今東西の人間の生きざまを追い続けた、いわば現代の知の巨人である。20代のころから、40年近くずっと慕い続けている。凡人の私には到底足元にも及ばないのだが、人類に対する深い愛と博識を併せ持つ。ただただ、仰ぎ見るばかりの人だ。

執行氏は多くの知見を私に与えてくれているが、ひとつ印象深いことがある。日本人は「自《みずか》ら」と「自《おの》ずから」のように、同じ漢字に真逆の意味をもつ仮名を送っているというのだ。たしかに、何気なく使っている日本語であり、仮名遣いだが、そんな執行氏のエッセイに考えさせられたことがある。

「自ら」とはある意味、「自分から」という強い当事者意識を表すし、主体性を感じる言葉だ。強い自我も感じることができる。一方で、「自ずから」というのは、個々人の意思や思いとは関係なく、「自然界の摂理」として、勝手に、自然にひとつの方向に流れていくイメージがある。

たしかに、対立的な概念を同じ「自」という字に当てているわけだ。私としてもずっと考えている問題のひとつだ。

もしかすると、遠いところでは2つの概念は一致するのかもしれない。近江商人は本気で自己の商売の成功を願ったのだが、気がついたら自分を離れ、自然と世間の摂理のことに思い至ってしまっていたかもしれない。Jリーグを守ろうとコロナ対策に奔走したものの、最後はJリーグを守ることは、社会を守ることと同義だと気がついたようにも思う。自分の経験の浅さや、知識の乏しさを嘆いて、自分のことばかり考えていた私だが、とことん、行きついたら、自ずから「恩返し」に行きついてしまったのかもしれない。

チェアマンを退任した2022年、地域経済へのONGAESHI行脚はキャンピングカーでめぐることにしていた。ハイエースを改造し、キッチンや屋根がポップアップするベッドもしつらえた。自転車を装着するキャリアもつけた。60クラブのステッカーも仲間からプレゼントされた。気分のおもむくままに地方の中継地に根城を確保し、そこから得意の徒歩や自転車で地域をめぐりながら魅力ある企業を探して回ろうと思って準備を進めていた。

そうした準備をしているさなかに、公益財団法人日本バドミントン協会の不祥事の記事を目にすることになった。協会職員が国の強化予算を不正に着服し、その事実を認識した協会幹部らが自分たちで補填をし、その事実の公表を長い期間伏せていたというものだ。

私からすれば、まさに天日干しの対極的な対応と言わざるを得ない。バドミントンと言えば、日本代表選手が世界の舞台で頑張っている人気のスポーツだ。そうした選手の活躍を考えると、統括団体の幹部の不正は残念でならない。そんな思いで記事を読んでいた。

何の因果か、予想だにしないことだったが、その日本バドミントン協会の会長の打診を受けることになってしまった。突然の話にとても驚いた。

しかし、バドミントン協会を支援することが、日本スポーツ界に恩返しすることにつながると直感した私は、ＯＮＧＡＥＳＨＩ活動を継続する前提で就任を受諾した。同じ恩返しの文脈でもあるからだ。ほぼ即答だったと思う。

周囲からは「何を今さら火中の栗を」とか「晩節を汚すぞ」とかも言われた。キャンピングカーもしばらく凍結せざるを得ない。しかし、私は「自ら」なのか「自ずから」なのかわからないが、たった一人で着任することを決めた。

そして、就任の会見では「バドミントン協会を天日干しにする」と発言している。周囲は何のことかわからなかったことだろう。私の中では「案山子《かかし》」も浮かんでいたし、また「転校生」かとも思っていたが、とても自然な発言だった。当然「緊張するほう」に向かっているのは間違いない。

【著者紹介】

村井　満（むらい　みつる）

1959年埼玉県川越市生まれ。早稲田大学法学部を卒業後、日本リクルートセンター（現リクルートホールディングス）入社。営業部門を経て、同社人事部長、人事担当役員。2004年から2011年まで日本最大の人材紹介会社リクルートエージェント（現リクルート）代表取締役社長、2011年にリクルートグローバルファミリー香港法人社長、2013年に同社会長に就任。2014年にサッカー界以外から初の起用となる公益社団法人日本プロサッカーリーグ（Jリーグ）第5代チェアマンに就任。DAZNと10年間2100億円の配信契約を締結するなど、財政基盤の立て直しをはかる。2019年には年間入場者数が過去最多を更新し、クラブとリーグの合計収益も過去最高を記録。2020年からの新型コロナウイルス対策ではNPB（一般社団法人日本野球機構）と連携し、迅速な対応で日本のスポーツ界をリードした。4期8年にわたる任期を終え、現在はJリーグ名誉会員、公益財団法人日本サッカー協会顧問、2023年より公益財団法人日本バドミントン協会会長。

天日干し経営
元リクルートのサッカーど素人がJリーグを経営した

2023年10月10日発行

著　者——村井　満
発行者——田北浩章
発行所——東洋経済新報社
〒103-8345　東京都中央区日本橋本石町1-2-1
電話＝東洋経済コールセンター　03(6386)1040
https://toyokeizai.net/

装　丁………竹内雄二
ＤＴＰ………アイランドコレクション
印　刷………ベクトル印刷
製　本………ナショナル製本
編集担当……黒坂浩一

ISBN 978-4-492-50344-7